JN109518

佐々木和子
廣川淳平
編著

知的障害が
あっても
地域で
生きる

自己生活
楽しい！！

親・
介助者・
支援者の
立場から

解放出版社

はじめに

1982年12月28日、我が家にダウン症の赤ちゃんが産まれました。

ダウン症のことを何も知らなかった私は「知らないがゆえの戸惑い」に自分自身驚きました。

しかし、子どもに障害があることで入ってくるさまざまな情報と子育ては、良くも悪くもとても刺激的で興味深く、私は、長女を育てた6年間とまったく違う生活にのめり込んでいきました。

ダウン症の元治の発達はゆっくりでしたが、自我の芽生えは強く、その元治の自我に私は育てられたようなものです。

元治が生まれた当時、アメリカからダウン症の超早期療育の情報が入ってきました。私もやってみましたが元治の手痛い抵抗にあいました。そのうえ、車いすを利用している障害当事者（青い芝のメンバーでした）から投げられた「障害者の一番の敵は親」というセリフに妙に納得し、超早期療育を「普通の子育てをちょっと丁寧に」に置き換えて、できるだけ娘と同じように育てることにしました。

しかし、近所の普通保育園を希望しても断られたため、通える範囲で受け入れてくれる保育園を捜しました。

そのなかで出会った園長先生が、「お母さん、もとくんを普通のダウン症に育てようや」とおっしゃいました。これは、ありのままの元治を受け入れよう、という意味だったのだと思います。私はこの言葉に、「元治の敵にならないこと」と相通じる思いを感じ、この園に元治をお願いすることにしました。

「子どもの敵にならない」。これは「親が良かれと思ってすることが、必ずしも子どもの願いとは違う」ということで、子育てにとってとても大切なことだと思います。

親はこのことを自覚するべし、と私は思っていますが、いつもうまくいったわけではありません。しょっちゅう、元治と衝突を繰り返しました。でも、そのたびにこの言葉に立ち返りながら、元治を障害という枠でくくらず、地域で生活することを選びつづけました。

　小学校中学校は、娘と同じ地域の普通学級に通いました。

　しかし、すんなりいったわけではありません。小学校入学には、当時の校長から条件を出されました。それは、「お母さん、元治君がアホと言われても、頭から砂をかけられるのを見ても、一切苦情を言わないでください」というものでした。私は今でもその時の情景と一字一句を、ありありと覚えています。この強烈な差別発言は、その後の私の差別に対する運動を後押しする大きな一因になりました。

　入学当初はいろいろとありましたが、その後は担任の先生にも恵まれ、お友だち関係でとてもたくさんのことを学びました。中学校は元治自身が、小学校のお友だちと一緒に学び生活できる地域の普通学級を選択しました。クラスのお友だちとともに過ごしたことが、今も元治の成長の根底を支えていると思っています。

　仕事も作業所ではなく、一般就労を考えていましたが、合併症をたくさんもつ元治の体力ではフルタイムで働くことは考えられません。紆余曲折を経て、現在は週３日間の勤務です。内訳は、週１日が近所の自然食品スーパー、週２日が老人通所介護施設で、勤務年数は食品スーパーが22年、老人介護施設は16年です。

　私はこの就労を変則的一般就労と名づけています。

　自然食品スーパーは、小学校のPTA役員をしている時に知り合ったお母さんの紹介です。老人通所介護施設は、1996年に行った「出生前診断および、母体血清によるスクリーニング検査に関するアンケート調査」の結果報告書に関心を持ってくださったお医者さんが開所した介護施設です。元治の就業をお願いするにあたって「体力がないので勤務時間は短く、できれば励みになるようにお給料をいただければ」なんて要求し、聞き入れられたのですから、施設の理事長の太っ腹には感謝しか

4

ありません。もちろん、一般とは違う雇用形態ですから、障害者雇用の適用枠ではありません。でも、3カ月の試用期間後、「施設側の希望する仕事ができる」と認められてお給料が支払われるようになったのですから、元治のがんばりにも花マルです。

　また、週に1回、ドラムのレッスンも20年間続けています。月曜日はドラム、火曜日は休憩、水、木、金曜日はお仕事、土、日曜日は休憩（時々イベント）という一週間のリズムが元治にとってちょうどよいペースのようです。とはいえ、多くの合併症を抱え、毎日たくさんの薬を飲んでいるため、私は元治がこのリズムをできるだけ長く続けられるよう、見守ってきました。

　そして、立派な普通のダウン症に成長した元治はついに、ヘルパーさんの介助を受けながら、待望の自立生活を始めました。2018年4月、元治35歳の春のことです。

　施設でもなくグループホームでもない、地域での自立生活は、早くから元治も私も望んでいたことです。ホントにいろいろとありましたが、日本自立生活センター（JCIL）自立支援事業所の力強い支援を得て実現しました。ヘルパー同士の連絡を含めて書かれる介助ノートには、元治とヘルパーさんとのやりとりも書かれていて、面白エピソード満載です。

　JCIL自立支援事業所は本来、障害当事者が自分で選んだり決めたりしたことの支援を基本としているので、介助ノートでヘルパー同士が情報共有することはしていません。

　でも、知的障害者の介助となると、本人からの聞き取りだけでは難しい部分が出てきます。そのため、元治には介助ノートが作られました。その内容は、お金の計算ができない元治の出納管理に始まり、日々の腎臓食献立への配慮、さらには通院後の情報共有や日々の体調確認など多岐にわたります。コーディネーター中心に、本当に丁寧に記録してくれ

ています。そのうえ面白エピソードも書いてくれるのですから、母として
こんなにありがたいことはありません。

　本書は3部だてとなっています。
　第1部は、実家を離れてどんなふうに生活しているか、「親の目線」
から見た元治の自立生活の日常を綴ってみました。
　第2部は、ヘルパーさんにアンケートをとって、「介助者の視点」か
ら見た自立生活を語ってもらいました。
　第3部では、共編著者の廣川淳平さん（日本自立生活センター〈JCIL〉
自立支援事業所コーディネーター）から、自立生活をするにあたって利用
する制度および方法や手順を紹介してもらいました。

　お読みいただいて、親なき後の生活を考える時、「地域での自立生活
もアリかも」と思ってもらえたらうれしいです。

佐々木和子

待望の自立生活を始めました

佐々木和子

第1章 初めての自立生活

自立生活を始めるまで

　元治は35歳になる2018年4月からヘルパーさんの介助を受けながら、待望の自立生活を始めました。

　元治が一人暮らしに興味をもったのは12歳ですから、23年もかかったことになります。

　きっかけは姉が一人暮らしを始めた部屋を見たことです。その時にどんなイメージを持ったかはわかりませんが、何の気なしに聞いた「もっち（元治）も一人暮らししたい？」に大きくうなずいたのに、私は「おぉ⁉」。うなずくとは思わなかったので、いたく感動し、できるならばやらせてみるのもアリかも、と思ったのをよく覚えています。

　元治としては漠然とした「あこがれ」だったのではないか、と思います。

　でも、その時、すでに「一人暮らし」に家族で向かいはじめていたのだと思います。

　障害があるとわかった時から、親心に一番のしかかるのは「親なきあと」です。

　入所施設も数カ所見学していましたし、グループホームの立ち上げにもかかわり、NPO法人の定款も作ったことがあります。グループホームには元治も連れて行き、お泊まりの体験も聞いてみましたが、これには元治はうなずきませんでした。ここで、よりいっそう一人暮らし狙いにシフトしました。が、これは、なかなか難しい。お金の問題も大きいです。法整備も当時は今のような地域での生活を応援してくれる障害者総合支援法のような整い方はしていませんでした。

小学校低学年から親抜きでボランティアさんと旅行をしたり、フリースクールでの電車旅行、ピープルファースト（知的障害の当事者活動）の活動をしたりなど、準備を少しずつ進めてきました。

　しかし、生まれつき軽度の難聴と強度の乱視、小学校3年生で高尿酸血症と診断され、外耳の真珠腫と慢性中耳炎の手術を中学3年で受けました。20歳で右目網膜剥離手術、両目白内障手術。2、3年して円錐角膜で極端に視力を落とし（視覚障害1種1級の手帳を持っている）、30歳になり視力が落ち着いてきた2013年、IgA腎症と診断され（すでに腎機能は52％しかなく、回復は望めず、維持することに専念）、1年半のステロイド治療をし、その後再発もしています。おまけに甲状腺機能低下症というダウン症の合併症、オンパレードの身体です。途中、元治自身もあきらめた時もありました。

　ようやく視力が落ち着いてきたころ、元治は再び一人暮らしを口にするようになってきたのです。以前のようなうなずきではなく、ハッキリと言葉に出しての意思表示でした。

　眼科も腎臓外来も内科も歯科も通院、治療する生活ですが、それなりに落ち着いた生活を送っている「今」しかない！と思いました。元治の気持ちも乗ってきている、私たち夫婦も今ならまだ手伝える体力もある。たとえIgA腎症が進行して、実家に戻ることがあっても、自立生活をした経験は何にも増して、元治の心の栄養になると確信しての出発です。

待望の自立生活へ

　親子の強い思いと、それを支え、具体的に支援してくれた特定非営利活動法人日本自立生活センター（JCIL）自立支援事業所があって実現した「待望の自立生活」です。

　ほとんどの手続きを事業所がしてくれました。生活のスケジュール表を作り、支援時間の割り出し、行政との交渉、生活保護の申請手続きなど、生活用品リストまで作ってくれました。ホントにホントに、感謝の

10乗です。

　準備をする前は、「ダメならいつだって帰ってくればいいよ」なんて思っていました。部屋が決まり、家具や生活用品を揃えるのに、ヘルパーさんが入った時に不自由のないようにと、大量の買い物をしている段階で、こんなに準備したんだから、この自立生活は失敗してたまるか！と、元治抜きで母は思ってしまったのです。

　元治はいたってマイペースに見えながら、内心めっちゃ張り切っていて、成長しつづけている毎日を送っています。

　部屋は実家から歩いて15分ほどかかりますが、自力で通えるようになりました。ヘルパーさんが来てくれるのに合わせて、行き来は自由です。この自由さがいい！

　ヘルパーさんは毎日18時から3時間、必要な昼間には2時間〜2時間半来てくれます。ヘルパーさんは毎日違う人が来てくれますが、会話は親とするより、音楽の話など、ずっとはずんでいるようです。一人で寝るのに2カ月かかりましたが、洗濯も掃除もできるようになりました。

　17時にお米を洗ってヘルパーさんを待ち、来るとスイッチを入れ、買い物に行きます。メニューもほぼ自分で決め、食事、入浴とヘルパーさんの援助を受けながら過ごします。

　朝は、自分でトースト、コーヒーを用意し、サラダ（前の晩にヘルパーさんが作ってくれている）と食べ、仕事の時は出かけ、自宅にいる時は洗濯をします。

　4カ月足らずの生活ですが、初めてのことでもあり、エピソードには事欠かない毎日です。まず、自宅と実家を自力で通えるようになるまで親が付かなければなりませんでした。一人で寝られるまで夫と交代で泊まりにいきました（元治は重度訪問介護の対象にならなかった）。一人でいる時にカミナリさんがやってきて私があわてたこと、大雨のなか、眠れなくて夜中に呼びだされたこと、大雨の時の警戒警報で部屋には帰ったらダメの意味の説明が難しかったこと、などなど。

一人暮らしにいたるまでに練習したことや、一人暮らしをするにあたってのさまざまな手続き（不動産屋との交渉、支援計画など）や、ヘルパーさんとの楽しげなやりとりなども次の機会に少しずつ書いていきたいと思います。

　まずは気になる生活資金。障害者基礎年金とお給料と生活保護です。家賃は生活保護から「住宅扶助」として京都市から 40,000 円支給されます。生活費としての「生活扶助」にはなんと障害者加算もあります。

　生活保護は、憲法に規定されている、「すべて国民は、健康で文化的な最低限度の生活を営む権利」（第 25 条）とともに、その自立を助けるものです。

　日本国憲法はとてもよくできた憲法だと改めておもいました。

（2018 年 7 月末発行「トライアングル」No.197 掲載）

第2章 ▶ 自立生活はまずは練習から

「自立体験室」を生かして

　体調が落ち着いてきて元治が再び一人暮らしを言いはじめた時、私は挑戦するのもいいかも、と思ったものの、実現するためには何からどうすればいいんだろう?状態でした。

　部屋を借りて、ヘルパーさんをお願いして etc……でも、ヘルパーさんはどこに頼めばいいんだろう?　ガイドヘルパーさんは20歳前から利用していたけれど、居宅となるとどこに頼むのかもわかりません。部屋もダウン症の元治に貸してくれるんだろうか?

　障害者総合支援法を利用しての生活になることくらいはわかっていたので、とりあえずは障害区分認定の申請のため福祉事務所へ行きました。ついでに、自立生活するための練習をしてくれるところは?と聞いたら「ショートステイ」とのことで、短期入所の時間をくれることになりました。が、私はショートステイが自立生活の訓練にはならないだろう、と思っていたので、「いえいえ、そうではなく、買い物行って、調理をして、掃除の練習を」「う〜ん、連続した支援はねぇ」「連続した支援のためにガイドヘルパーの拡大解釈は?」「大元に言ってもらわないと、ここでは……」で終了。

　あかん!　どこか別のところに相談しなくては……。

　日本自立生活センター(JCIL)が、重度身体障害者の施設から地域生活への移行を支援してきたのは知っていましたが、知的障害者の地域での自立生活支援をしているとは耳に入ってきていませんでした。

　そろっと「元治が一人暮らしをしたいって言ってるんだけど」と言ってみたところ、即、「自立体験室があるからやってみたら」との返事。

あんまり簡単に返事をもらえたので、ちょっと引き気味になった気持ちを奮い立たせて具体的な相談に入りました。

　まず釘を刺されたのは「自立生活を決めるのは元治さん。何をどうしたいかを決めていくのも元治さんです。お母さんではありません」。JCIL が当事者主体で活動してきた歴史は知っていたし、その活動に準じていきたいと常々思っていたし、自立生活はそうであるべきと思っていたので、うなずくことしきり。

　その後、支援の担当責任者に廣川淳平さんが決まり、本格的に自立に向けて動き出しました。

　廣川さんは元治の小・中学校の同級生のお兄さんで、元治のことも知っていてくれていました。

　元治は小学校も中学校も地域の普通学級に通っていたので、地域に知り合いがいるのはラッキーでした。

　また、以前、ピープルファーストで出会っていたこともあり、元治も安心したようです。練習する部屋を元治と廣川さんと私とで見学。元治はもう明日からでも一人暮らしができそうな顔をしてルンルンです。

　廣川さんは、部屋の説明、これから進んでいく生活の説明など、元治に向かってとても丁寧に説明してくれました。トントンと話が進んでいくのに、不安なのは母だけのようです。

　1 回目の練習は 2017 年 10 月 31 日。

　10 時に自宅まで迎えに来てくれ、帰ってきたのは 16 時 30 分。

介助ノートより

　昼食に佐々木さん（元治）はお弁当を希望。買い物をして部屋へ。部屋の中の物を確認、佐々木さんはお茶をわかし、コップとお箸の準備、食後は洗い物、台拭き、目薬を入れて、掃除機かけ。帰りにカラオケ。
◎今日、ちょっとたいへんだったこと
佐々木　ないんやな〜。
廣川　カラオケで通路にバケツが置いてあった。僕は気づくのが遅れて

佐々木さん、けとばしてしまった。こぼれなかったけど、ゴメンナサイ。

◎今日、おもしろかったこと

佐々木　廣川さんのおしゃべりがおもしろかった。

廣川　僕もおしゃべりがおもしろかった。佐々木さんの同級生の思い出話になって、僕も何人か思い出した。フジタマコトくん……いたかな〜？と思ったら、仕事人（テレビ）だった。時間差でわかって、ウケた。

◎母の感想

　いよいよ始まった元治の自立に向けた体験。本人はやる気満々で今日を迎えた。

　すぐにでも一人暮らしができそうに張り切っているが、できないことはできなくてOK。できることを積み上げていけば何とかなるだろう、と期待している。今日はとても楽しかったとうれしそう。でも、肩が凝ったと消炎剤を塗ったのがおかしい。

　いい緊張だったのではないか。初めから楽しいだけではあかんやろ。

　2回目は11月21日。2回目なので、部屋で過ごすのも慣れている様子。

　カレーを作ったので1時間かかり、食べるのが15分との記録。

　この時点で「この調子だと、早い段階で自立生活できそう」とのことで、暖かくなったら宿泊の練習をしようということになりました。

　3回目は12月19日。4回目は2018年2月27日と順調に体験室利用を重ねて、次回は宿泊の練習というところで、元治と廣川さんで「こんどは自立体験室に泊まる」ためにいろいろ相談して決めよう！となりました。

　介助ノートより

　3月19日（月）ドラムの練習の後、自立体験室へ。

廣川　晩ご飯は、何を食べようかな？

佐々木　ラーメンはどう？

廣川　いいなあ！　ラーメンの材料は何があるかな？

佐々木　めんと、焼き豚（チャーシュー）、もやし、ゆで卵、ラーメンのスープ、メンマ、ネギ。

廣川　こんなもんかな？

佐々木　今度は、おかずなしで、ラーメンだけでいい。デザートは何にしよう？

廣川　スーパーで果物のところを見に行って、その時の気分で選んだらいいんちゃう？

佐々木　ウメッシュは？

廣川　いいんちゃう!?

佐々木　コップにいれてなー。

廣川　半分こしようか。

佐々木　ウメッシュ飲んだら、お水のむ。ビールは？

廣川　ビールでもいいよ◎

佐々木　おつまみもいるなぁ！

　晩ご飯の後の過ごし方（お風呂も入って）、朝ご飯、片付け、洗濯、掃除、昼ご飯は食べてもよし、帰宅まで決めて、相談終了。

◎母の感想

　佐々木家の晩酌がまるわかり、の会話で笑ってしまった。こんなふうに常に元治が決められるように会話をしてくれているのがとてもうれしいです。

ここで、母はハタと考えた！

　自立体験室が遠すぎて（車で30分はかかる）、「もし、夜中にSOSが来たら……」。

　どうせ自立生活をするんだったら、自宅近くに部屋を借りて自室で練習するのがいいのではないか、と思い切ることにしました。実際、一人で寝られるようになるのに2カ月かかったので、この判断は大正解ということになります。失敗するかも、は想定内だったし、失敗を恐れては

この計画はありえないですもんね。

宿泊訓練は新居ですることを廣川さんに伝え、「そうだね」ということになり、部屋探しです。

京都は学生の街だし、左京区には、京都大学や府立大学、同志社大学などがありワンルーム満載で、不動産屋は乱立状態ですが、はたして障害者に親切なんだろうか？

買い物に出かけた時、不動産屋があったのでフラッと入ってみました。「障害があるんですけど一人暮らしをするのに部屋はありますか？」と聞いてみると、窓口にいた若い男性は、少し探してくれて物件をプリントアウトし、上司に相談。なぜか、上司の指示でどこかに電話をし、返事の様子からトラブルのあったことを聞いている様子です。電話を切って、やんわりと「ここは学生専門なので」と断られた。ああ、やっぱり、一筋縄ではいかないんだなぁ、と。とくに怒りはなく、予想どおりという感じです。

そのことを廣川さんに伝えたら、「僕が何軒か行って感触のよいところを見つけてきます」とのこと。こういう支援者に出会えることが元治の運の強いところかもしれません。

元治は体験室での練習を始めてから「僕の部屋は？」と聞くようになっていました。あまり待たせては時期を失いそうと思いながら、廣川さんの結果待ちです。

今出川通りにはホントにたくさんの学生相手の不動産屋があります。廣川さんはとりあえず3軒あたり、不愉快な2軒を外して一番感触のよかった京都ライフに3月15日に行きました。

ここはとても親切に対応してくれました。「ダウン症で35歳、実家から歩ける範囲で1階の部屋。ヘルパーさんが毎日きます」などの条件で、担当者はオーナーに電話をかけ、交渉を続けてくれました。

何軒断られたか、数えてなかったのですが、4、5軒は断られたでしょうか。内覧まで行った部屋も契約をする日に断られ、次の物件でようやく決まりました。元治の足で歩いて15分はギリギリだったけど、金曜

日の仕事先に近かったし、契約する日に断られた部屋より明るくて結果オーライでした。

　部屋が決まると、契約。入居日が決まると、家具や日用品を揃えるなど、超忙しくなりました。

　日用品って、普通だったら引っ越してから買い揃えることもできます。でも、ダウン症の元治が、入居後、即、初めてのヘルパーさんが来て、3時間という限られた時間で、買い物、食事作り、片付け、入浴、就寝とやるわけです。もう母の想像を超えていくのですが、何とか迷惑のかからないように揃えようと思うじゃないですか。細かい日用品をそこそこ揃えるって、買っても買っても、「あっ、あれ足らん」となるのです。

　100均で15,000円買うって、何買ってんのん、ですよ。洗濯ばさみからクリップ、小物入れまで、きりがないのです。便利グッズなど種類の多さも感動ものです。ニトリにコーナン、D2とはしごをしての買い物を続け、揃えていきました。元治がつきあった日もありますが、目まぐるしく買い物をするものだから、ゆっくりと元治に確認なんかしてられません。

　「元治さんが決めるのです」という刺された釘が抜けてしまった日々でした。

　冷蔵庫、洗濯機、電気釜はリサイクルです。さすが学生の街、3月になるとリサイクルのお店には選り取り見取りに並ぶのです。

　こうして準備を進め、いよいよ自立生活をスタートさせました。

（2018年9月末発行「トライアングル」No.198掲載）

第3章 スタートは4月がベスト

ドキドキ、ワクワクの第一歩

　自立生活への準備もほぼ整い、4月10日にいよいよ引っ越しです。鍵をもらいに行き、ドキドキ、ワクワクの第一歩をスタートさせました。

　その日はベッドや大きな家具を入れ、目の悪い元治に合う明るく使いやすい照明器具を取り付けて終了。11日、12日は通所介護施設嬉楽家(きらくや)で一日中仕事の日なので、疲れすぎないように実家に帰り、初めてヘルパーさんと過ごすのは13日からです。

　13日は金曜日で午後からHELP（自然食品スーパー）での仕事です。終了する16時に父が迎えに行き、新居へ。ヘルパーさんが来る18時には炊飯器のスイッチが入れられるように17時にはお米を洗ってセットするのを練習し、一人で待ちます。18時前に母が行き、ヘルパーさんにお願いして、その後、就寝する時間までのことは、介助ノートに詳細が記録されているのを読む、という日々になります。

　21時に母が（父と交代しながら）行き、一緒に寝るという生活を、元治が一人で寝ることができるようになった6月8日まで続けました。

　14日の土曜日は、またまた買い出しです。廣川さんもつきあってくれ、引っ越しの続きのような感じです。冷蔵庫は生活が始まれば必需品となるので、引っ越しに合わせて購入していたけれど、洗濯機は慣れるまで実家ですればいいと思っていたので、遅れて例のリサイクル店で購入しました。浴室の入り口に結構な段差があり、踏み台が必要なこともわかりました。

　玄関を入ると、流しにガス台、洗濯機置き場に浴室、トイレ、その奥

に8畳の部屋にかわいい出窓。結構広いクローゼットという間取りなのですが、慣れて使いこなすにはまだまだ時間がかかりそうです。何しろ、最重要課題の寝ることに始まり、実家までの行き帰り、仕事先のHELPと嬉楽家への行き帰りなどなど、頭がクラクラするくらいさまざまなことを「一人でできる」ようにならなくてはなりません。

　ヘルパーさんは6人が交代で、夜3時間、必要な昼2時間来てくれます。その人たちとも上手につきあわなくてはなりません。

　始めた当時は、私たち夫婦も夢中で何度も通い、部屋をチェックして買い物を繰り返しました。

　元治が自立生活をどんなふうにとらえていたのかわかりません。でも、嬉々として、思った以上の超スピードでこなしていきました。

　炊飯器でのご飯炊きも電子レンジでの朝のパン焼きも一度でできるようになりました。

　びっくりしたのが洗濯です。父・母が泊まっている間は、洗濯物は持って帰って実家でしていました。

　6月に入り、そろそろヘルパーさんにお願いしようと、洗濯機の使い方をヘルパーさんと見ているのをそばで元治も見ていました。2、3日して、電話がかかり「聞こえる？」って聞きます。「何が？」「洗濯機」「えぇっ？」「洗濯機！」、洗濯機が回っている音がかすかに聞こえます。「すっごい〜、洗濯してんの？　えらいねぇ〜、できたん？」「えへへ」、どや顔が目に浮かびます。

　どんなでき方かは見ない。元治におまかせ！　それからは定期的に自分でするようになりました。

　「おはよう！」の電話は起きて食事を済ませるとかかってきます。「今日は洗濯？　すごい、えらいねぇ」に、「当たり前でしょ」との返事に変わるのに時間はかかりませんでした。でも、母は「やっぱり、すごい！　えらい」って思っているのです。このあたりから「当たり前でしょ」がどんどん増えていきました。

　（実は、ご飯炊きも洗濯もできていなかったことが後日判明し、ヘルパーさん

を悩ませたようです。実家では洗濯は一度もしたことがないのに、できたと思う母がおかしい。反省しても、後の祭りでした)

アクシデントも想定内

　一人で寝る練習も、夜中の1時まで廣川さんがつきあってくれたこともありました。夜11時に大雨で寝られずSOSが出て、濡れながら行ったこともあったけれど、これも想定内です。2018年はとくに大きな台風が来たり、大雨で近くを流れる高野川に危険水位警報が出て、自宅に帰るのは危ないという説明がなかなか理解できなかったりしましたが、何とかそれも無事クリアしました。

　アクシデントの心配は常にありますが、それにも増して、元治自身が力をつけてきているのがわかるのがうれしいです。

　生活を続けていると、準備したことに不備がでてきます。冷蔵庫は学生さんが使っていた一人暮らし用の冷蔵庫でいいだろうと準備したのですが、これが大きな誤算。

　元治は実家にいる時から、自分で夕飯のメニューを決めていたので、自立生活になっても自分で考えてヘルパーさんに伝え、一緒に買い物に行きます。

　毎日、メニューが変わるので、そのつど、メニューに合わせた食材を買うと、使い回しができにくくなります。まして、若い男性のヘルパーさんが交代で対応するのは難しいことだったと思います。で、当然、食材が冷蔵庫にあふれていきました。冷却器のそばの野菜は凍っていき、牛乳も大きなパックを横にして入れ、牛乳の洪水という事態になっていったのが夏場。こりゃいかん！となり、新生活4カ月で、野菜室のある冷蔵庫が必要と買い替えることにしました。

　廣川さんは自分が介助に入る金曜日の夜に配達を設定してくれ、8月3日、新しい冷蔵庫が届くことになりました。当然、母も行く予定にして連絡を待っていたのですが、届くのが遅れ、21時くらいになりそうということです。ならば、久しぶりに泊まろうと準備をしていたら、元

治から「お断りします」との返事です。ああ、なんとつれない☺ その後も一度「たまには泊まりに行こうかな」と言うと、「もう、一人暮らしに慣れたし」と今度はやんわり拒否。

　ヘルパーさんは毎日、献立、買い物、その日の会話など詳しく介助ノートに記録してくれています。

　始まったころはその日のことだけの記録が多かったのですが、しばらくすると生活を継続するための連絡や、元治の体調、工夫したほうがよいと思われることなどが驚くほど丁寧に書かれています。そのうえ元治とのやりとりがおもしろく、読むのも楽しく、感動、感激、感謝の嵐です。

　弱視の元治の生活に音楽は欠かせません。で、今までも「ごほうび」はCDだったのでとてもたくさん持っています。ヘルパーさんがいる時はBGMで、その日のヘルパーさんに合わせた音楽を元治が選び、ずっと流れているようです。

　ノートにはその日のBGMの曲名が記録されていて、感想も書かれています。

　それに加えてヘルパーさんのスマホで動画を見たり、音楽を聴いたり、好きなミュージシャンやタレントの写真も見ているようです。

　今までそんなこと、テクニック的にも時間的にも母にできるわけないじゃないですか……。とうてい太刀打ちできないことです。で、ついにタブレットを買うことになったようです。そんなことされた日にゃあ、もう自立生活は満足の極みでしょう。そんな顔をしています。うれしいやら、さびしいやら……。

　介助ノートを読んで、大笑いしたエピソードをひとつ。

　「今日は、佐々木さんは、ホラー系の動画を調べておられました。Nのスマホの動画履歴がホラー動画でいっぱいになりました。学校の怪談、貞子、ジョーズなどなど。佐々木さんは自宅で貞子に会ったことがあるそうです。そしてテレビから出てきた貞子の頭をポンポンした、と言っていました」

確かにたしかに。元治と母はホラーが好きで、世にも奇妙な物語や心霊写真の吾郎さん、貞子も学校の怪談もテレビで見ましたよ。

　が、こんなこと、おもしろすぎるやろ！

（2018 年 11 月末発行「トライアングル」No.199 掲載）

第4章　楽しさ広がる自立生活

ワクワク継続中

　元治は、毎週水曜日の朝は一人で起きて食事をし、老人の通所介護施設嬉楽家に仕事に行きます。9時前に自宅を出て15分歩いてバスに乗ります。一人で寝るのにかかった2カ月に加えて、1カ月半、火曜日の夜のみ父が泊まり、バス停まで見守りを続けました。

　その後は一度も両親は泊まりに行ってません。というより、泊めてくれなくなったのです。ちょっと寂しいけど、立派！　自宅で一人で寝て、朝食をとり、鍵をかけて仕事に出かけて行く。立派！

　でも、雨はとても苦手で、梅雨の時期は降ると動きがにぶくなり、買い物に行かなかったり、夏の暑い時は、ヘルパーさんが来る前にシャワーを済ませ、それを理由に買い物に行かないということもあったようです。それも立派！「ゲームをしすぎて疲れたから、買い物に行かない」とはいかがなものかと思うけど、ま、いっか。

　このころから、ヘルパーさんとのやりとりもどんどんはずんできていて、ヘルパーさんのスマホで音楽を聴いたり、動画を見せてもらったりするようになっていきました。操作も教えてもらって、その延長線上にiPadを購入できたんだなぁとわかります。音楽を聴いてドラムの発表会の曲を決めたり、買いたいCDを選んだりする楽しそうな様子も介助ノートに書かれています。

　つまり、それまでは親が泊まりに行ってたものだから、何かと親の介入があったということなのでしょうね。やっぱり親はおじゃま虫なんだ……。

介助ノートより

2018 年 9 月○日：ちょうど雨が止んだので、一緒に買い出しに。薄暮なので見にくそう。

ゆっくり歩いて向かう。佐々木さんから「明日の分も買おう」と言われて、相談してせせりを購入。「なんか見通しがもてて、いい感じだね」と言うと、「そうでしょー」と自信満々でした。調理中はウルフルズやGLAY の CD をかけてくれ、良曲ぞろいで楽しかった。佐々木さんも「いい曲でしょ！」と言っておられた。今日も相川七瀬や安室奈美恵やGLAY の話をたくさんした。

「一人暮らしを始めて半年」のお祝いの相談をしていて、どの CD を買おうか？とか、10 月 10 日にするか？とかいろいろ話し合い中。こういういい話はどれだけしても楽しいですね☺

10 月○日：今日は佐々木さんが一人で買い物を済ませていたというこれまでにはなかった展開。買い忘れもなく、買い物に行かず調理。

佐々木さんの単独での買い出しについて、安全面以外の課題は、

・肉の量（今回は一食分には多すぎた）。

・味付け肉は避けてもらったほうがよい。

・小銭はどうしても増える（とは言え、今回フレスコでの 1077 円の買い出しに 1500 円は許容範囲。コンビニで 119 円のチョコレートに 1000 円を出していたのは気になるあたり）。

ただ、買い物は無事に済ませ、レシートも忘れずに持ち帰ってくださっていたので、初の試みとしては上々だったと思う。

母：上々です。その後、もう 1 回一人で買い物に行ってますが、11 月になると外が暗くなり、目の悪い元治には危険でもあり、行ってません。春になるとまた行き始めるのか楽しみでもあります。

12 月○日：「今日は鉄板焼きにしよう!!」と言われる。いろいろ聞いてみたら、机の上にホットプレートを出して、二人で鶏肉を焼く、という案だった。早速、買い出しに。

TRF の YU-KI さんの写真立てが手に入ったためか、その話でもちきりに。

「うちに来たらどうします？」「発表（結婚）したらどうします？」と想像して大いに盛り上がる。でも「まずは知り合って仲良くならんとあかんなぁ」と真面目な返しをしてしまい「もう、やめます！」と真顔になってしまった（^_^;) iPad の話題で持ち直したけど、なかなか繊細な心の持ち主である。ゴメンね。

母：最近は中島美嘉ちゃんから、YU-KI ちゃんに心変わりをし、嬉楽家の人から写真をもらってきたので、写真立てを持たせました。家でも盛んに話をして盛り上がっています。私も逆らわず、傷つけず、夢を壊さずを心がけています。

12 月〇日：夕食は肉屋で買うとのことで、肉とデザートを買いに。レタスの量が少なく、朝と夕食分には足りなかったので、買うかどうか聞いたところ、次に使うまで間が空く（次の月曜日が介助なしのため）ので、買わないとのこと。野菜に関しては、温野菜サラダにすることで、レタスを朝用に回すことにした。

さて、肉とデザートを買いに出たのだが、肉屋で店の方からせんべいをいただき（あめもいただいた）、その場では食べず、これをデザートとすることに。フレスコに行く必要がなくなり、夕食の準備もサラダだけだったので、かなり時間に余裕ができた。夕食後、最初はエアロスミスの動画を見ていたのだが、途中からいろいろなロックバンドの動画を見る感じに。ドラムの曲候補も選んでいた。

母：元治は「今日はお米洗うかな？」とかメニューの相談は実家でもよくしますし、電話もかけてきます。ご飯は残れば必ず冷凍し、その様子をみて、お米を炊くように自分でも考えているし、聞いてもきます。こちらから先に指示を出すと、すぐに「わかってる！」と怒りが返ってきます。ホンマにわかってるんかいな、と思いますが、この記録をみると、ちゃんと月曜日のことを考慮していて、ホンマにわかっているんや！と感動しました。ヘルパーさんの「温野菜サラダにすることで、レ

タスを朝用に回す」という対応にも、最初の何となく心もとない感じの
ヘルパーさんたちの成長に安心をもらいました。

　自立生活は４月に始めたので、冬の準備は後回しにしてスタートさせ
ました。

　２カ月間、元治の部屋に寝て、何と寒い部屋だことと思った時から、
これはエアコンだけでは足元が寒すぎて「顔ぽっぽ」になる。でも、ス
トーブを置くには狭すぎる。など、うじゃうじゃと考えているうちに冬
がやってきてしまいました。元治の腎臓病（IgA 腎症）に喉風邪はご法
度なので、夜中にエアコンはダメです。それならば、ホットカーペット
と考えた時、今度は廣川さんから、絨毯はダニが……とダメ出し。なら
ば、フローリングタイプのホットカーペットで一件落着となりました。
狭い部屋に３畳タイプを敷いたので、とてもあたたかいのです。エアコ
ン要らず。実家でも買うことになり快適です。娘も気に入り購入という
連鎖反応でした。

　このホットカーペットにまつわるヘルパーさんとのやりとりをひと
つ。

　12 月〇日：本日は、ちょうど佐々木さんが窓を開けたところに到着
しました。

　窓から外を見ている佐々木さんとご挨拶して玄関に入ると、「Ｎさん、
びっくりするよ〜」と中に入るのを急がされました。

　部屋には大きなホットカーペットがありまして、「すごいでしょう。
あったかいよ」と佐々木さん。僕もあったかいですねーと喜んでいた
ら、「Ｎさん、ここに寝れるでしょ、あたたかいから。寝転がってみて」
と勧められて、二人で新しいホットカーペットに寝転んでいました。

　その後、買い物に行き、料理中は、Ｎが持ってきたマイケル・ジャク
ソンのＣＤを流して、佐々木さんはマイケルのように踊っていた。「キ
レキレですね」というと、「そお〜？」と言って笑っておられた。

　食後にチョコクッキーを食べながら、マイケルについておしゃべり。
マイケル・ジャクソンの年齢を聞かれたけど「もう死んじゃったんで

すよね」と答えると、「そうなんだー、クィーンのフレディ・マーキュリーも死んじゃった、でも3人は生きてる」と言って、「3人が生きていて、Nさん、うれしい?」と聞かれて、「もちろんです」と答えると「僕も」と。

　　母：ホットカーペットのようなぬくぬくとしたやりとりに母もほっこりです。

　その後もマイケルの音楽に合わせて踊りながら冷蔵庫を開けたりしているようです。

　これで、寒さ対策は万全です。タイマーが付いているので切り忘れても大丈夫です。これも廣川さんが選んでくれたのですが、元治の生活が安全であることを常に考えてくれていてうれしいし、安心です。

　次は念願の iPad です。ホットカーペットについては、買えばセットして、即あたたかく、よかったね、になりますが、iPad は機種決定や手続き、今持っているガラケーの携帯の契約変更などで本当に廣川さんにお世話になりました。でも、年末にはついに手に入れ、毎日、楽しんでいるようです。

　店に取りに行って、初期設定をしてくれたり、途中、動かなくなって、再起動してくれたり、コンセントに入っていなくて動かなかったり、カバーのサイズが違って交換したり、といろいろあったようですが、そのつど入っているヘルパーさんが対応してくれ、さすがに若いヘルパーさんは何でもできる!!

　元治は実家には何も言ってきませんでした。

　ま、言っても、何ともしてくれないことをわかっているんだろうねぇ。

　今は実家の Wi-Fi にもつながって使えるのですが、持って帰ってきません。

　「おかあさんもクィーンが見たい!」と言っても、ウ〜ン?と濁されたままです。

　なんでやねん!?　そっか、壊されたら、と思っているのかも。

　年末から1月4日まで実家で過ごし、4日の午後から自宅に帰りまし

た。

2019年1月〇日：明けましたね☀本年もどうぞよろしくお願いいたします！　お正月のことを尋ねたら、実家にはお姉さんも里帰りされていて、TV もたくさん見られて「サイコーやった」そうです。iPad で音楽をいろいろと聴くのを楽しんではりますね。「これもあるのか？ あれも聴けるか？」とワクワク感がハンパないです。

母：実家の年末からお正月は、ホントにサイコーだったのかなぁ?? お正月中、iPad は実家の Wi-Fi になかなかつながらなくて見ることができず、父も母も姉も恒例の酔っぱらいでした。

それでも「サイコーやった」と言ってくれる元治がサイコーや！

1月〇日：本日はドアを開けると、ふかぶかとおじぎをしておられる佐々木さんから「明けましておめでとうございます」をいただきました。私も新年のご挨拶と「今年もどうぞよろしくお願いいたします」とおじぎをいたしました。靴を脱いでいると「N さん、またびっくりするよ〜」と急がされまして、何かなぁと部屋にはいると iPad がテーブルの上に。満面の笑みの佐々木さんが、シュシュッと iPad をいじっていました。

母：最近は「キムタクのドラマ」を見たり、iPad 用のペンも使い慣れているようです。楽しそうに過ごしている様子に「元治の心が自由」なのを感じてうれしいです。

私は自立生活を始める時に、ヘルパーさんには家事はそこそこでいいから、元治と楽しく過ごしてほしいとお願いしました。

実家を出て、自分の城で楽しいと思えることを、最初にたくさんしなければ、続けられないと思っていたので、介助ノートを見るたびに本当にありがたく思っています。

掃除なんかせんでも死なへん！

（2019年1月末発行「トライアングル」No.200 掲載）

第**5**章　あっという間の一年

こころはますます自由に踊る

　自立生活を始めて一年が過ぎました。感激です。

　2019 年 5 月 9 日に一周年記念パーティーを元治の部屋でしました。元治の生活を 6 人のヘルパーさんが介助してくれているのですが、全員参加で盛り上がりました。

　一年間、誰も交代することなく継続してくれたことに感謝以外、ありません。6 人全員が揃うようにコーディネートしてくれた廣川さんにも感謝です。

　一年を経過して、元治のテンションは下がることなく、力を付けていることが私にも夫にも姉にも確実につかめていることがうれしいです。

介助ノートより（ノートはすでに A4 判 4 冊目に入っています）

　2019 年 3 月〇日：今日もはっきり希望メニューを言われて「毎日考えるのってたいへんじゃない？」と聞いたら「えらい？」と聞かれ、「たいしたもんだよ!!」と伝えると「でしょー！」と笑顔。もうすぐ一人暮らしを始めて一年がたつのですが、衰えぬ意欲にびっくりです。わりとだんだんめんどくさくなってくるものですが、佐々木さんは違いましたね。途中で「お米もすくなくなっている」とか「水買っとこか」とか「パンはあと 1 枚」とか、いろんなことをよく把握されていて、また感心しました。ご立派！

　3 月〇日：もうすぐ一人暮らしを始めて一年、との話題になったので、一年たってどんな感じですか？と聞くと「すっかり慣れた」とのこと。

　母：昨年の春から始まって、一番心配していた冬を越して、母として

もひと安心です。雪や冷たい雨が降る時の買い物は行かなかったようです。

１月〇日：疲れたのと寒いのとで、買い物は私一人。実際、買い物中に何度か雪が降るような天気だったので、佐々木さんは外出せず正解だったと思う。夕食も体が温まるとの理由からすき焼きうどん。

１月〇日：「コロコロ」のテープがなくなったとの報告があり、また、佐々木さん曰く、モップの替えも残り少ないということだったので、それらの補充と夕食の買い出し。夕食は当初はオイスターソースで味付けしたラーメンとの予定だったが、ラーメンでよさげなものがなく、きしめんに変更。どちらにせよオイスターソースのスープは未知の領域だったのだが……。

かつおだしにオイスターソースを入れると、普通にうどん用のつゆとしてありそうな味になることが判明。何という新発見。

母：？？？何という……ホンマどんな味やろ。実家でもオイスターソースを使うことはありますが、そんな使い方は……どこから？

１月〇日：今日は冷凍してあった鶏もも肉を使いたいとのことだったので、いろいろと相談した結果、親子どんにしました。普段はあまり食べないのかな？という感じでしたが、今日作った時は佐々木さん結構テンション高めで、「ええ感じやね」と言ってもらえてよかったです。食後は TRF などの動画を見ていました。佐々木さんノリノリで踊っていました。上手でしたし、いつも以上に本気で踊っていたので驚きました。

２月〇日：今日はスパゲティのナポリタンをリクエストされました。

食後は iPad で曲を聞きながら、カラオケ（ものまね）をしておられました。

「どお？」「いいですね」、「どう？」「上手です」みたいな感じで１曲ごとに感想を求められました。iPad の使い方がうまくなっていました。先週は電源コードを抜くのも手伝ったし、文字入力も手伝った。けど今週はどちらも一人でされていたので驚いた。「誰かに教えてもらったん

ですか？」と聞くと、「廣川さん」と笑いながら言ってました。

　　母：実家では本気で踊ったこともないし、iPadの使い方を根気よく教えられるとも思えません。ましてやカラオケの感想を1曲ずつ求められても2曲目からは生返事になりそうです。

　元治はドラムのレッスンを15年以上続けていて、一年に1〜2回の発表会があります。発表会の曲を、iPadを使って決めたりしているのですが、それにもつきあってもらっていて楽しそうです。

　私には元治の選曲名自体、わからない😞

　2月〇日：来てすぐに佐々木さんがお母さんに電話。前にホットプレートを使ったらブレーカーが落ちたとのことで気を付けてね、とのこと。結局、電気カーペットの「あたたかい面積を半分」＋「電力1/2」にしてホットプレートを使いましたが、「強」にしても大丈夫でした。

　　母：冬対策でホットカーペットを買ったのは大正解でした。結局、温度調節も難しく、室内が乾燥するエアコンは使わなくて済みました。でも、ブレーカーが落ちるのは「想定内」とはいえ初めてのアクシデントです。一年間過ごせば、いろいろなことがあるはずですが、ヘルパーさんのおかげで、元治の不安が大きくならずに過ごせていることに感謝です。

　2月〇日：（金曜日のHさんが休んだので）「Hさん元気？」とHさんの身を案じておられました。「iPadでメールできるか？」と聞かれたのでタイガースnetから使えるかためしてみましたが、途中でTRFのYU-KIちゃんに意識がうつり、なきものに。YU-KIちゃんにメールをしたかったようでフェイスブックとかツイッターとかYU-KIちゃんのWeb（HP？）からなら送れそうとお伝えしました。あと、YU-KIちゃんがTRFから脱退したのか気にされていて、T調べでは「してない」と思うのですが、「してる」という方もいてどっちなんでしょう？

　　母：メールするには、またまた手を借りなければできそうもないですが、その後の話はありません。

　一人暮らしを始めた時のお相手は、中島美嘉さんでしたが、YU-KI

ちゃんに心変わりをして継続しています。元治はなぜかとても身長を気にしていて、ヘルパーさんにわざわざメジャーで測ってもらって「届く？」「届きますよ」という会話もしています。次の心変わりは……。

2月○日：食後、YouTube で競馬の動画を見ておられました。藤田菜七子さんという女性騎手が最近、気になるらしく、独身か？身長は？などいろいろと調べました。

157cm、21歳（！）らしいです。カレンダーやグッズもいろいろ売っていて（この騎手さんの）それも調べました。

母：新登場の藤田菜七子さん。確かに可愛い！

2月○日：今日の夕食は佐々木さんのリクエストでえび焼きそばをつくました。

食後は二人で YouTube を見てました。なぜか世界のゴーストタウン、日本の廃墟テーマパーク特集など見られていました。でも、いつのまにかホラー動画に。正直怖いのでやめてほしいが、なるべく見ないようにしながら、お金の計算など。

佐々木さんに書いてもいいと言われたので書きますが、実は佐々木さん、陰陽師のパワーがあるそうです。「Nさん、陰陽師好き？」と聞かれたので映画のことかと思って「好きです」と答えたら、自分もその力があるとおっしゃっていました。貞子の頭をポンポンしたのも、そのパワーによるもので、リモコンを持ちながら念じると貞子を消すこともできるそうです。

母：出た！　貞子！　しかし、なんという発想だろう……。リモコンで貞子を消すのは誰でもできるけど、どっから陰陽師などと出てくるのか。でも、元治にはそれらしいパワーは確かにある！

母を動かしているのも陰陽師のパワーだったのか……。ありがたや。

2月○日：買い物を終えたあと、佐々木さんが新しい写真を見せてくださった。私は誰だかわらなかったが、競馬の騎手をしている方らしい。佐々木さんは「この人と結婚します！」とだいぶ熱心な様子だった。

母：心変わりすると、早速、仕事先の嬉楽家の人に頼んで写真を手に入れてきました。

　ちゃんと応じてくれるのでとてもうれしくありがたいです。額に入れて枕元に。

　3月○日：今日もメニューを決めておられ「豚の生姜焼きにしよう」と。副菜もいつもどおり冷蔵庫内の材料をみて、いくつか提案すると選んでくれる。パターンができてくると見通しがつくし、安心感も増してるんだろうなと思う。一緒に買い物に。フレスコ内で、買いなれた食材の場所はだいたいわかっておられる。

　これも、もうすぐ一年だけど、ずいぶん自分の領域になってるなと感じる。帰宅後、佐々木さんは YouTube。今日は映画 Music を延々とかけるチャンネルを見ておられた。よく知ってるなぁと思うような古めのマイナーな曲もわかってるし、これまたすごいなぁと思う。

　やがてチャイムが鳴り、Amazon で注文してたのが到着!!　血圧計と待望の「T-REX のベスト盤」が届いた。「あとのおたのしみにするわ」といわれたがニヤニヤしてる。

　（早くあければいいのに）と思ったが余計なお世話なので言わない。

　母：そうなんです。CD はとくにすぐにあけないのです。楽しみを長引かせているのかな。

　元治は腎臓が悪くなってから、毎朝、血圧を測り、診察時に持って行きます。一人暮らしになってからは、実家にいる時だけでも、問題はなさそうだったのですが、これからのこともあり、廣川さんが部屋でも測れるようにしてくれました。元治は食べ過ぎず、塩分を控え水分を取ることなど、先生の指示もしっかりと守っていますし、血圧も自分で測り記録できるようになりました。体重も減り、腎臓の状態も現状維持を続けています。とにかくヘルパーさんの食事への配慮も半端ないです。実家のほうが問題かも。母の肥満が止まらない……。

　3月○日：当初、タオルの使い分けのために「台所」とか「トイレ」とか書いてあったのですが、それだとパッと見てわかりにくそうにされ

ていたので、「色分けしよう」と提案しました。

　届くのは6色×3セット、18枚のフェイスタオルです。

　3月○日：今日は届いた新しいタオルを確認して使い分けについて相談しようという約束で、佐々木さんも覚えておられて、食後の片付けの後から始めました。これまでは白いタオルが多くて、ものすごく目を近づけて「字」で判断されていたのですが、今後は「色」で見分けるのに慣れていかれるんじゃないかなと思います。

　今日は早速フロでピンクを使用されて、「キャー！」と声が聞こえて、慌てて様子を見に行ったら「これきもちいいー!!」と喜んでおられました。フロ後には残っていた白いタオルを持って「家（実家）でも使ってもいいか？」と言われたので、「もちろん、いいと思うよ！」と答えました。ちょうど白が3枚残っていて「お父さん、お母さんに使ってもらいたい」と言われました。

　母：フワッフワのタオルなんです。父、母のことも忘れない元治なんだよねぇ。

　実家にいればタオルは「はいっ」と渡せば済むので、生活を工夫するということもありませんが、この一年間、生活の工夫がてんこ盛りでした。この経験は生きていくうえでとても貴重なことだと思います。

　これは一人暮らしをヘルパーさんとしなければできません。

　このフワッフワのタオルは仕事先の人にもあげたようです。父にも母にも話してくれないし、聞きもしないので理由はわかりません。でも、あげたいと思ったことを実際にした（ちょっとした修正はあったようだけど）という自己実現の積み重ねが、元治を成長させていくのだと思います。

　3月○日：買い出しは肉屋に、コロッケ➡ダックスへ。野菜がいろいろと残っていたので、フレスコに行かず、18時半頃帰宅しましたが、もうだいぶ明るいですね。今日はライトなしで行けました。佐々木さんも「もうなしでも行けるわ」と喜んでいました。

　母：元治は目が悪いため、冬の日没の早い間は足元が見えないので懐

中電灯を使っていました。手に荷物をもつことは苦手なので、よかったです。これも貴重な工夫です。

　3 月○日：夕食の後は、藤田菜七子騎手の話をしました。佐々木さんと藤田騎手が結婚できるか、インターネットで調べてくれと言われたのですが、いろいろと悩んだ末に、恋愛相性を占うことになりました。二人の名前をひらがなで入力すると相性が出てくるのですが、佐々木さんと藤田騎手の相性は 89 点でした。点数のほかにもさまざまなことが書いてあって読んでおられた。チラッと見えたのは、佐々木さんは結婚すると藤田騎手の尻に敷かれると書いてありました。

　母：楽しいだろうな、と思いますよね。ヘルパーさんもよくこんなにつきあってくれるな、と。

　89 点もうれしい。尻に敷かれる、いいじゃないですか。

　3 月○日：佐々木さんの音楽の幅が広く、昭和 30 年代から現在までの曲、演歌……ハードロック、知らない曲もここで聴けます。今日も曲にのって踊ってもらい楽しかった。佐々木さんと一緒にいるとあっという間に時間が過ぎてしまいます。

　母：元治の音楽の好みの範囲は広く、母でもすごい！と思っています。すぐに新しい CD を欲しがるので、何かのご褒美限定にしてきましたが、それでもずいぶんの量になっています。iPad で聴けるようになっても欲しがるようで、こづかいの範囲で買っているようです。

　4 月○日：今日はお湯が出なかったので銭湯に行きました。お湯が出ないとわかった時は、佐々木さんと二人であたふたして、ガスメーターをリセットしたり、うろうろしたり。

　でも、そういえば銭湯ありますよね、と言ったら、佐々木さんがノリノリで、銭湯に行くことに。きもちよかったです。佐々木さんがジェットバスで「あ～～」と声を出して笑っていたら、別の湯舟に入っていたおじいさんがニコニコとしていた。あと、銭湯の番台の人がやさしい人だった。

　母：元治の部屋から道を隔てたところに銭湯があります。以前から

行きたがってる話を聞いていたのでチャンス！と思ったのでしょう。近所づきあいとしてはハナマルですよね。

　4月〇日：5月12日が母の日なので、iPadでいろいろ見て注文しました。お母さんがこのノートを見られるかもしれないので何にされたかは秘密です。たくさんあるなかで「これがいい！！」と一目で決定されました。

　母：じゃ～～ン！　元治からこんなにステキな母の日のプレゼントが届くとは……。ミニバラとケーキとお茶のセットです（写真）。

　毎年、カーネーションの小さな花束だったのが、こんなに豪華に🖤

元治が自由になった分、私も自由に

　元治の地域での自立生活を具体的にスタートさせた時、どんな一年後がやってくるかは考えませんでした。というより考えられなかったのです。とにかくやってみよう、やりながら考えよう、ダメならそれもよし、というのが本当のところでした。結果、お願いした事業所がよかった！　担当してくれた廣川さんがよかった！　かかわってくれたヘルパーさんみんながよかった！　家主さんもよかった！　元治も父も母も頑張った！

　一周年記念パーティーで、めったによかったと言わない夫の「よかった」の連発に、思わずしげしげと夫の顔をながめてしまった私でした。

　自立生活といっても、完全な一人ではありません。毎夕と火曜日と土曜日の昼にはヘルパーさんが来てくれます。日曜日は朝から実家に帰ってきます。

毎朝、「おはよう」の電話をかけてきます。仕事に傘を持っていった
ほうがいいかとか、服のことも聞いてきます。通院も今はまだ父、母が
行きますが、いずれ、それもヘルパーさんにお願いするようになるで
しょう。

　この一年が私の今までの人生で一番早く過ぎたように思います。とて
も不思議な感覚で、これは何だろうと考え込んでいたら、私の意識の多
くを占めていた元治の存在が減ってきているのでは、ということに気が
つきました。半年ほどは手伝うことも多く、気になって仕方がなかった
のですが、父や母の手を借りることがどんどん減って（拒否されている
とも言える）、それに慣れてきたように思います。

　元治は一人暮らしを始めて、自分で考え、決めなくてはならなくなっ
たことを、とても楽しんでいるようです。親の気遣いや心配から（束縛
ともいう）、身も心も自由になり、実家のことや、父、母のことを、距離
を取って見たり考えたりできるようになったのだと思います。

　元治が自由になった分、私も自由になったのかもしれません。その自
由を楽しめていることを、親子で少し自覚できている気がします。この
一年で親子の関係はずっとよくなったと感じます。

　これから先の５年、10年は想像できないし、しないけれど、そのつ
ど考え対応していけば何とかなる!!

　　　　　　　　　　　　　（2019年5月発行「トライアングル」No.202掲載）

第6章 ▶ 自立生活3年目に突入！

▶ 元治、順調です

　自立生活を始めてみようか、と思った時は、ダメならいつだって実家に戻ってくればいい、と気軽に考えていました。でも、こまごまとした準備をしながら、これは簡単にイヤになったらあかん、と思ってスタートさせた2年前。1年目はほぼ準備の継続状態で、季節ごとに生活を整えていくのに自立支援事業所のコーディネーターとも頻繁にやりとりをしました。が、2年目に入るころには親子ともずいぶんと慣れ、気持ち的にも時間的にも少しは余裕をもって日々を過ごせるようになっていきました。

　そして、2020年4月、3年目に入りました。「しんどかったら帰ってきていいよ」の声がけに「ない、ない、ない、ナイ!!」の返事。4連発で否定せんでもええやんと突っ込みたくなります。

　最初からかかわってくれている6人のヘルパーさんは誰も交代することなく、継続してくれています。

　この2年間のかかわりは、元治が安心して自立生活を楽しむことができ、人間関係も大きく成長させている大きな要因となっています。このことは親としても実感しているので、今後、ヘルパーさんが交代することがあっても、乗り越えていけると思っています。と、思っていた矢先、9月に火曜日の昼に入ってくださっていたヘルパーさんが、急逝されました。本当に急なことで驚きましたが、元治は廣川さんと一緒に最後のお別れに参列することができました。若いヘルパーさんのなか、唯一、年配の食事作りの上手な方でした。ここに心より感謝しますとともに、ご冥福をお祈りしたいと思います。

2020年に入ってから、新型コロナウイルス感染の拡大で、政府は4月7日に区域を限って緊急事態宣言を発令し、16日には全国に拡大しました。5月25日には解除宣言しましたが、収束したのでもありませんでした。秋になって再び感染の拡大が始まり、今も拡大しつづけています。活動の多くは休止し、経済的な打撃も大きくなっています。人々の生活も変化せざるをえない状況になり、弱者にしわ寄せがきて、より政治不信も増しています。

　これは自然（地球）から人間への警鐘だ！と私は思っています。

　元治は、自立生活2周年記念パーティーもできず、予定していた旅行にも行けず、料理教室も中止。ドラムのレッスンも緊急事態宣言の間お休みなりました。しかし、仕事は水曜日と木曜日の老人の介護施設、金曜日の自然食品のスーパーともお休みにもならず勤務しています。介護施設はバス通勤なので、マスクの使用、バスを降りたら手の消毒（携帯の消毒液を持っている）をし、帰ってきたら必ず手洗いをするなど、注意事項が増えました。でも、元治自身もコロナを気にしているようで、すんなりとできるようになっていることに自立生活の効果を感じています。ヘルパーさんがマスクを常用し、来れば手洗い、消毒、食事も並列で、食事中はおしゃべりをしないなど、ヘルパーさんと行動を共にすることによって、親が注意をするより、はるかに受け入れることができるようです。コロナウイルス感染に関しては支援事業所の並々ならぬ配慮のおかげで、元治の日常は変わることなく過ごすことができています。

時間のバランスを使いこなす

　2020年の梅雨は雨の量も多くて長く続きました。雨が降ると目の悪い元治は足元が危なくなります。いつもは一緒に行く買い物にヘルパーさんが一人で行くことが多くなりますが、夏は暑い日も一緒に行きます。1年目はさぼっているな、と思える日もありましたが、さすがに3年目になると、自立に対する自覚を感じます。

　食事のメニューを決めるのは最初から元治でした。今では、何といっ

てもタブレットのクックパッドを使えるようになり、大きな進展です。と書きつつ、母は元治が使っているところを見たことがないのです。どうやってるんだろう？　でも、慣れるにしたがって「佐々木オリジナル」なるものも出てきているとのこと。冷やし焼きそばやナポリタン風焼きうどん、焼きそばサラダなど、「どんな味やねん!?」と思うものにもヘルパーさんは悩みながら作ってくれています。ピザ風ナポリタンスパは食べてるとピザが食べたくなる不思議なスパゲティだったそうです。

　日本自立生活センター（JCIL）の自立支援事業所は同性介助を基本としているので、ヘルパーさんは全員男性です。食事を作ることを得意としている人は少なく、元治のリクエストに対するヘルパーさんの困惑リアクションに笑ってしまうことも多くあります。介助ノートを読みながら、本当によく元治につきあってくれていると感謝しています。

　冷蔵庫に残っているものを上手に使えるようになった結果、大根スパゲティになったり、材料を使い切るメニューもクックパッドで決めています。また、食器の準備や食事作りのお手伝いも増えています。マカロニサラダやスクランブルエッグを作ったり、マヨネーズとケチャップのオーロラソースも一人で作るとのこと。ヘルパーさんも時間的にとても助かっていると介助ノートに書かれています。

　朝はヘルパーさんが入りません。前夜ヘルパーさんが作ってくれたサラダに自分でパンを焼き、コーヒーを用意して食べ、水曜日は一人で仕事に出かけるのですが、朝食の内容もアレンジできるようになったとのことで、母の安心は増すばかり。

　夜に作ったポテトサラダを翌朝にパンに挟んで食べるのも好きで、実家でよく食べているのですが、自宅でも実践しているようです。

　元治の誕生日は12月28日です。2019年の誕生日は実家ではなく自宅で過ごす曜日でした。年末でもあるし、実家でお誕生日のお祝いをしようか？と誘っても断られ、あらまぁ、と思っていたら、しっかりとヘルパーさんと誕生日のお祝いをしていました。夕食を食べる前にヘル

パーさんに「バースデーソングを歌って」とお願いし、ヘルパーさんは「ただでさえ歌うのが下手なうえに、乾燥した空気でややのどを痛めていた私にとっては、焦りと無茶ぶりで、歌そのものはお察しの結果だったが、なんだかんだで佐々木さんは喜んでくださったのでよしとしよう」と介助ノートに書かれていて、笑ってしまいました。楽しげな元治が目に浮かびます。

　2020年も実家での誕生会は断られ、夫婦二人のちょっと寂しい生活がますます増えていきます。娘からも「子どもが大きくなれば、それがフツーです」と突き放されてしまっています。

　自宅でのヘルパーさんとのやりとりは、元治にとってはお友だちと楽しく過ごしている時間のようで、ヘルパーさんが予定されている日に他の予定を入れるのをとても嫌います。イベントがあり誘ってみても「お断りします」とつれない返事。

　ヘルパーさんとの楽しい時間、一人で過ごす時間、仕事と趣味の時間、実家で過ごす時間のバランスが、元治にとってとてもうまくいっているのだと思います。

　ここしばらくは騎手の藤田菜七子さんの大ファンで、競馬をテレビで見て応援し、毎日飽きもせず話します。毎日その話の相手をしていると「ええかげんにせい！」となりそうですが、その相手が日替わりでできるのが自立生活の素晴らしいところでしょう。

実家近くの自立生活のいいところ

　でも、何もかもが順調だったわけではありません。自立生活を始めてすぐにご飯炊きができ、洗濯もできるようになったと感激し、喜んでいましたが、実はできていなかったと母が知ったのは一年も過ぎてからでした。できていると勝手に母が思っていただけで、ヘルパーさんの悩みになっていたようです。反省しても時すでに遅し。さすがに洗濯はできるようになっていますが、お米の水加減がいまだに安定せず（視力の関係かな）、固かったり、軟らかかったりしているようです。ティッシュ

ペーパーが散らかっていたり、服が脱いだまま、何でもベッドの上とか、日常的にそんなことはいっぱいあると想像することができます。でも、生きていくのに、そんなに大きく影響ないから、「ま、いいか」、そんなに何でもうまくいくはずないわさねと、ヘルパーさんにお任せの母です。

　自立生活というと、実家にあまり帰ってこず、会えない時間が長くなり親が寂しくなる、と思われているのではないでしょうか。元治は、毎週日曜日は朝から実家に帰ってくるので、母は体調も表情のチェックもできます。必要以上には行かないようにしているけれど、「何といってもすぐに行ける！」という安心感が親にも必要です。これが実家の近くでする自立生活の一番（？）いいところでもあると思います。と思うのは親だけ⁉

　自宅にいる時は、朝には「おはよう」、夜には「おやすみ」の電話もしてきます。時々、してこない日もあり、これが気になる☹ 母より、父のほうが気にして、電話せいと言う。これまた、うっとうしい。

　元治の日々はこうして続いていき、すでに介助ノートは9冊目になり、日々のメニューと連絡事項が丁寧に記録されていて、順調に面白エピソードも重ねています。

　私たち夫婦が元気な間は、これからも元治の生活を見守っていくことに変わりはありません。できないことが増えていくのは当然で、想定内です。でも、その時はその時に考えますし、支援事業所と相談できます。これが何より心強いです。

　ちなみに2020年の母の日のプレゼントは「ワインと生ハム、チーズ」、母の好みを知り尽くしているプレゼントでした。去年のミニバラを枯らしてしまったから、花よりだんご……。父の日は焼酎とナッツの詰め合わせ＋母のためにミニワイン付きで、超美味しくいただきました。来年の楽しみが大きくなった‼

第7章 バリバラに出演しました !!

多くの人を巻き込んでの取材

　2020年11月19日のNHK Eテレ「バリバラ」（バリアフリーバラエティー）に出演しました。テーマは「知的障害のある人の自立生活」です。

　9月初旬、数回の聞き取りから始まり、月末には一週間の自室での生活を密着撮影、10月17日のスタジオ収録とあわただしいなか、本当に放映されるのかなぁ〜との思いを抱きつつ、母は段取りばかりに追われていました。何といっても、徹底した当事者主体の番組なので、元治の生活を取り巻く多くの人たちを巻き込んでの取材でした。元治にとってはとても楽しく、面白い経験だったようです。

　朝起きてから寝るまで、ヘルパーさんとのやりとりや買い物、通勤、仕事場での仕事ぶり、ドラムのレッスンとカラオケ、たまたま撮影日に予約していた歯医者さんまで、です。

　みなさん、撮影には快く応じてくださり、とても感謝しています。母は密着撮影にも、スタジオ収録にもまったく参加していないので、何も知らないまま、テレビの放映待ちでした。

　放映当日のゲストスピーカーはメイプル超合金の安藤なつさんです。おじさんの施設での介助のボランティアや仕事の経験がありますが、知的障害者の介助はないとのことです。

　最初に示されたのは障害のある人の一人暮らしの割合で、身体障害者12.2％、精神障害者18.6％、知的障害者3％。身体障害、精神障害も少ないと思いますが、それにしても知的障害の3％は、あまりにも少なすぎます。

バリバラ出演中の佐々木元治さん(左)と廣川淳平さん

　障害のある人が、一人暮らしをしにくい社会なんだと改めて思ってしまいます。

　番組の前半に登場する「バリバラ」準レギュラーのあべけん太さんは8月から一人暮らしを始めました。ご家族の支援は受けていますが、ヘルパーさんを利用していなくてもできているのがすごいと思いました。定点カメラを使っての撮影で、とても楽しんでいる様子が伝わってきて、見ていてうれしくなりました。

　途中、スタジオでのコメントがあり、後半は元治です。

　掃除機をかけ、洗濯物を干し、大好きな騎手の藤田菜七子さんのポスターに声をかけ、ヘルパーさんとのやりとりや買い物、仕事の様子と映像が流れていきます。とてもいい顔をしています。

　長時間の撮影でしたが、番組では7分半にとてもうまくまとめられているのにも驚かされます。

　母の登場は、最初の聞き取りの時に元治の部屋を案内し、タブレットを上手に使いこなし、メニューを決めている元治の実像を初めて見て驚いたところを、すかさずディレクターさんがスマホに撮影されたところのみでした。番組になるかもわからない段階で、もちろん、カメラも回っていないなかでのシャッターチャンス（と言うのかな？）を逃さないディレクターさんにさすが！です。

　元治はスタジオでの受け答えも何とかできていて、ホッとする母でした。

「出会いやな！」

　以下は、今回の取材に全面的にかかわってくれたJCIL自立支援事業所のコーディネーターの廣川さんのスタジオ収録記録を介助ノートか

ら。

10月17日（土）：ご実家から天満橋まで1時間ほどで着く。佐々木さん、体調万全の様子。気合に満ちている。廣川は前日まではガタブルだったけど、当日は一周まわって「無」の状態。どうにかなるさ、きっと。という感じ。昼食をとって、控え室へ。エントランスからはスタッフさんが案内してくださって、いよいよ出番が近づいてきました。

一緒に出演する「けん太」さんとお兄さんも来られて、おしゃべりしながら呼び出しを待つ。

ディレクターの山口さんが来られて、台本の確認のあと、「巻物を書いておいて」と頼まれ、また待機。

「元治さんにとって、ひとりぐらしとは？」のお題に〈何を書くんかな…？〉と見守っていたら、数分考えたあと、何と「出会いやな！」と佐々木さん!!　正直〈できすぎやろ〜!!〉と驚きました。

一切、仕込みなしです。ホントにびっくり。じきにまたスタッフさんが来られて「メイク」の時間。ファンデーションと眉ペンされて、二人で「芸能人みたいやなー」と浮かれ気分に。

そしていよいよ収録本番です。

スタッフさん、大勢でした。全身真黄色の司会の山本シュウさん登場。玉木幸則さんも、あずみんさんも来てどんどん準備が整ってきます。ゲストの安藤なつさんも来て撮影スタート。

廣川は緊張MAX。佐々木さん無表情……。

収録は2時間きっちり。これが29分の番組になります。

収録のあと、「やり

巻物の「出会い」

きった!!」感じの佐々木さんと、ヘトヘトの廣川とで、打ち上げまで休憩しました。

ディレクターさんとけん太さんとお兄さんと5人で近くの居酒屋で打ち上げ！　ちゃんと広めの個室を予約されていました◎

佐々木さんはひたすら飲み食いをしていましたが、質問されたらにこやかに答えていました。

実家に戻ったら静岡からお姉さんも帰ってこられていて歓迎ムード!!　でも佐々木さんはすぐにお風呂に。超マイペースです。

知的障害のある方が公的な資源、制度を使って一人暮らしができている、ということ。介助者たちのいろいろな思い、悩みとか。意思決定支援における iPad や介助ノートの活用とか。

バリバラのレギュラー陣、ディレクターさん、プロデューサーさんたちが長〜い VTR を見て、介助ノートとかも見たうえで「視聴者にこのことを伝えたい」と決め、編集をされています。

佐々木さんの一人暮らしの様子は、ご家族にはご家族の、僕ら介助者には介助者の、一般視聴者の、ダウン症の本人の、その家族の……、それぞれのとらえ方で目にうつり、響く人には響くと思います。そんななかから、一人でも二人でも「一人ぐらし、やってみたいなー、してみよかなー」と思ってくれる人が生まれたら、大成功かな、と思います。

子どもは親を見ている

番組のなかで語られた玉木幸則さんのコメントがとても印象的でした。

「"知的障害があるから"と年相応の生活経験を積ませてこなかったから、想像の域で"あれできない、これできない"と思い込んでしまっている。発想をかえて、できないことがあったら、それをするためにはどんな手伝いがあったらできるんやろか、と、できる話を進めていくと、3%も増えていく。障害が重かったとしても、じゃあ、どういうお手伝

いをしていけば一人暮らしができるのかっていうことを考えてほしいなぁ、と思う。生活の主体は元治さんだから、元治さんならどういう生活をするのか、今日わからなくても、明日わかるかもしれないし、1カ月先かもしれんし、そういうやりとりをしながら、生活を（ヘルパーが）応援していってる」

　安藤なつさんは、「ちょっとしたことの選択ができるって、幸せにつながる」といいます。

　ホントにそうなんです。この選択のできる幸せを2年8カ月積み上げてきたことで、元治はそれまでの生活以上にできることがテンコ盛りなんです。

　今回の取材のおかげで元治の具体的成長でとても驚いたことがあります。

　ダウン症の特徴として、見えていることはよく理解するのですが、抽象的思考は苦手です。少し先のことを考慮しながら、今、段取りをするなんて、至難の技なのですが、今回、スタジオ収録が土曜日でした。土曜日は洗濯をする日で、日曜日は実家に帰る日、月曜日はドラムのレッ

安藤なつさんと記念撮影

スンで土曜日に洗濯ができないと、次は火曜日になり、洗濯が1回とんでしまいます。ですが、金曜日は自然食品スーパーでの仕事で、その後ヘルパーさんがくるのですが、なんと、その隙間で洗濯をしたのです。もう、感激です。そのことを"すごい！すごい！"とベタ褒めしたもんだから（？）、その後も月1回の往診の時間がご飯を炊く時間になるので、それを考えて「前の日に多めにご飯を炊いて冷凍するわ」と言うのです。以前よりそれらしいでき方は少しずつできていたのですが、こんなにしっかりと「段取り」ができるようになるとは五重花丸❀です。

　もちろん、巻物の「出会い」にも驚きました。思いもかけない言葉です。

　私はよく使います。「あぁ、聞いているんだ、見ているんだ」と、子どもがどこで、どんな学びをしているか、親のわかっていなさを改めて実感しました。

　子どもに見られていること、そして、親が思う以上に子どもは親を批判的にも見ているのだと知るべし。障害なんて関係ありません!!

　　　　　　　　　　　　　　　（写真は許可を得て掲載しています）

52

第 2 部

ヘルパーさんの気持ち

佐々木和子

自立生活一周年記念パーティー

2018年4月から始めた元治の自立生活を支えてもらっているヘルパーさんは6名です。

1年3カ月たちましたが、どなたもやめることなく続けておられます。

ダウン症の人たちの介助の必要度はさまざまです。元治は、夜は3時間、昼の必要な時は2時間～2時間半です。親なき後、まったく介助なしの生活は考えられませんので、今後も続いていきます。

介助者は介助するということをどのように考え、タイプの違う利用者と接しているのか、利用する側（親として興味がある）としても知っておく、理解しておく必要があるのではないでしょうか。

それで、簡単なアンケートをお願いしました（2019年6月実施）。やはり、たいへん興味深く、面白く、参考になる回答でした。

ヘルパーのみなさま

元治の母からのお願いです。

いつもお世話になりましてありがとうございます。

自立生活も1年が過ぎ、ますます張り切り、楽しんでいる元治を見るにつけ、感謝でいっぱいです。

私は、元治の「自立生活日誌」を親の会である"京都ダウン症を育てる親の会"の通信「トライアングル」に5回連載しました。そのなかに、介助ノートに記載されているエピソードを載せることはみなさまの了解をいただいておりますが、親の会の会員はヘルパーさんにもたいへん関心を持っています。今後、自分の子どもが自立生活をした時にどんなヘルパーさんがついてくれるのか、どちらか

というと心配のほうが大きいと思います。

　ヘルパーさんはどんな経緯で障害のある人のヘルパーになったのか、どんな介助をしてくれるのかも関心大です。

　名前は実名でも、ニックネームでも、匿名でも。年齢と性別はお願いします。

　それと、私は原稿の中で「ヘルパーさん」という表現を使っているのですが、どうなんでしょうね。みなさんはどう表現されるのがしっくりきますか？　ここでは「ヘルパーさん」で書きます。

❶　ヘルパーさんになった年齢

❷　きっかけと、その時に思ったこと（たとえば、やれるかなぁとか、どんなんやろとか）

❸　やってみて、最初に思ったこと。しばらくして思ったこと。そして、今は

❹　介護を仕事として思うこと

7 人のヘルパーさんの声

佐々木さんの自立生活について　中村亮太（28歳　男性）

❶　27歳です。

❷　生活費のために仕事を探していました。その時、たまたま相談した人が、JCIL（日本自立生活センター）で介助者をしている人でした。その人に誘われたのがきっかけです。

　介助はまったくやったことありませんでした。でも、地域で暮らしている人の介助はおもしろそうだなとは思いましたし、それで生活費が稼げるならやりたいなと思いました。

❸　最初に介助させてもらった人は、電動車いすに乗っていて、いわゆる全介助の人でした。初めての介助だったので何をすればいいのかも

全然わからないし、緊張しながら仕事に向かったのを覚えています。

　ただ JCIL のコーディネーターさんは、その人について何か教えてくれることはなかったので、事前に知らなくてもいいんだろう、その人とのやりとりのなかで必要なことは知っていくのだろうと勝手に思っていました。実際、その人は介助のやり方について丁寧に教えてくれる人でした。どうやって体を電動車いすに移乗させるのか、食事の介助はどうするのかなどについて、とてもわかりやすく説明してくれました。なので、介助をして一番最初に思ったことは、介助は、その人の指示に忠実に従っていれば（とりあえず）なんとかなるということでした。

　次に介助させてもらった人は、重度の知的障害と身体障害のある人で、言葉でコミュニケーションしない人でした。なので、言葉での指示を待っていたら、介助は行えません。目の動き、体の動き、顔の表情、雰囲気、時間帯や環境などから、その人がしたいことや必要だと思われることを想像して介助する。その人が中心にいるんだけど、介助者の介入や強制が多くなる、言葉によって明確に指示されない介助もあるんだなと思いました。何か嫌そうな雰囲気だ、楽しそうな雰囲気だというのを介助者が感じて、その理由を想像する。その人のやってほしいことを少しでも汲み取れるようになるには、多分すごい長い時間が必要じゃないかなと思いました。

　何か介助をする、それに対して相手から「これでいいよ」「これじゃダメ」という応答を受け取れないというのは、心細いものだなと思いました。自分がいかに言葉に依存している人間かを痛感する介助でした。この間、たまたま僕があくびをしたら、その人は笑っていました。なので、最近は時々変顔をしています。そうするとたまに笑ってくれるのがうれしいです。

　3人目に介助させてもらったのが佐々木さんでした。佐々木さんの介助をはじめてさせてもらったのは2018年の春、僕がJCILで介助者登録してまだ3週間もたっていない頃でした。佐々木さんは、これ

から一人暮らしを始めると聞いていたので、そういう大事な場面に介助者としてかかわれることがうれしかったです。せっかく一人暮らしを始めるのだから、佐々木さんのしたいことはどんなことでもやりたいなと思いました。

　佐々木さんは、言葉で自分のしたいこと、必要なことを言ってくれたので、佐々木さんに言われたことはちゃんとやろうと思いました。でも、言葉ですごくちゃんと説明してくれるわけでもない感じだったので、言っていることがよく理解できなかったら、ゆっくりちゃんと佐々木さんに確認しながら介助しようと思いました。それでもわからなければ、想像すればいいかなと思いました。

　佐々木さんの介助をしばらく続けて思ったことは、介助って不思議な仕事だなということです。

　毎週火曜日の夜に3〜4時間だけですが、佐々木さんと一緒にスーパーに買い物に行って、音楽を聴きながら料理をして、ご飯を食べて、おしゃべりをしていると、佐々木さんとちょっとだけ暮らしている感じがします。買い物に行けば近所の人から挨拶されたり、犬に吠えられたり、帰り道で転んで血が出たり、お肉屋さんのおじさんから飴玉をもらったり、お風呂からお湯が出なければ銭湯に行ってみたり、地域での暮らしはいろいろなことがあります。こうした日々の生活が積み重なって人生があるわけですから、生活を支える介助は大切な仕事だと思っています。

　佐々木さんがいろいろなことを話してくれるのも楽しいです。佐々木さんがテレビから出てきた貞子の頭をポンポンしたという話を聞いたときは、はじめはジョークかなとも思ったけれど、あるいは佐々木さんはそういうふうに映画をみることができるのかもしれないとも思いました。考えてみれば、貞子は承認欲求の塊のような存在だし、それに対して頭ポンポンと慰めるという発想は、貞子の本質に迫っているなと。佐々木さんの世界の捉え方っておもしろいなと思っています。

❹　介助を続けていくために必要なことは、一人ひとりの介助者に余裕

をもたせることだと思います。

　余裕があれば、いろいろなことができます。介助者不足で働きすぎる、疲れていて余裕がなくなってくると、介助がつらくなっていきます。介助は大切な仕事なのだから、介助者の給与と待遇をアップして、介助者の人数を増やしていくことが必要だろうと思います。

利用者とどう関係をつくっていくか　田中一央（30歳　男性）

❶　29歳の時に、A型事業所を辞めて転職してきました。

❷　シェアハウスに住んでいるのですが、他の住人のできないことを手伝っていたりする日々のなかで、そういえば昔から手伝いは嫌いじゃなかった、今まで考えなかったが介助の仕事もできるのでは？と思い、友だちの紹介もありJCILに入りました。

❸　はじめに入った方は重度身体障害の方で、そういう方と会う機会もなく、また自分が介助をするとなると何もわからず、右往左往してしまいました。

　今も手探りですが、利用される方とどう関係をつくっていくかが重要だと思うので、そこに力を使っています。

❹　「自立生活とは何か」ということは以前より考えるようになりました。

　答えは出てませんが、自分の生活を見直すようになりました。

介助の給料問題　佐藤宰（23歳　男性）

❶　22歳（大学卒業直後）に介助者になった。

❷　私は、大学は学部4年を終えたら出ようと思っていたので、大学4回生前半で就活を行っていた。

　ところが壁にぶち当たった。私はよく言って変人、一部では「社会不適合者」と呼ばれるような人間なのだ。これは私の素の性格（興味のあることにはとことんこだわるが、興味のないことにはまったくの無頓着）によるところもあるが、実のところ意識的に変人であろうとした面も

ある。

　変人を、言い方を変えると「今の社会に適合していない人」である。ところが、社会というのは不変ではないため、変人と呼ばれる人たちがいないと変化に対応することはできない。生存には多様性が必要なのだ（余談だが、大学では生物学を専攻していた）。

　一方で就職活動を行っていて、就職活動の現場はそうした変人に対してあまりに厳しい環境であるように感じた。確かに個性が尊重される面もあるが、尊重される個性はあくまである一定の枠内に収まった「才能」である。基本的にとるべき行動、するべき言動は決まっていて、故にある程度完成されたマニュアルに沿って就活は進む。これが非常に精神的に苦痛で、あまりに苦痛だったので就活は1カ月程度でやめた。

　話は私が就活を始めるより少し前に遡る。私は大学時代、社会問題について学習会を行うサークルに所属していたのだが、メンバーの一人がJCIL（日本自立生活センター）でバイトをしていた。彼から聞いた話でそうした職種があるということを知り、就活も途中でやめたため、大学卒業後はそこに就職しようと決めた。

　この仕事を始めるまで介助・介護の経験はまったくなかった。体力が持久力以外あるわけでもなく、人づきあいが苦手な性格でもある。客観的に見て「お前だいじょうぶなのか」という状態でこの仕事を始めたわけだが、合わなかったら合わなかったで他の仕事を探せばいい、くらいの気持ちであった。

❸　「お前だいじょうぶなのか」状態で仕事を始めたが、すぐになんとかなりそうだと感じた。介助は身体労働の側面も確かにある。しかし、重要なのは体力より体の使い方で、使い方が正しければ筋力などあまりなくてもどうにかなる。体の使い方でごまかしがきかない場面もあるが、そういう場面で要求されるのはたいてい持久力である。

　人づきあいに関しては、介助の性質が「利用者から指示を受け、それを聞いて動く」というものなので「聞き上手」であることが重要

だった。私が聞き上手なのかは自分ではよくわからないが、「話し上手」であることが求められるよりやりやすいのは確かだろう。

そして、そもそも介助・介護の経験のある状態でこの世界に入る人はそんなにいないのである。

これらは仕事始め1カ月くらいで感じたことだが、今でもこの感覚はそう変わらない。まあ、まだこの仕事の経験がたった1年半なので変わらないのも不思議ではない。これが5年10年働くとなるとまた違ったものが見える、あるいは見えてしまうのかもしれないが。

❹　今のところ、この仕事に対しての一番の不満点は安定性である。つまり臨時で仕事が入るか否かで月ごとの勤務時間が10時間程度ずれるのだが、これは仕事の性質上やむをえない部分も多々ある。

私の場合、臨時で仕事が入らないと勤務時間不足である（社会保険や厚生年金の加入基準に影響するはず）ので、レギュラーの仕事が増えれば解消されるのかもしれない。

これで終わりではつまらないので、私個人としてはあまり気になっていないが、一般によくいわれ、実際問題なのであろうことに少し触れたいと思う。介助の給料問題である。

介助・介護の仕事は給料が少ないといわれる。私の場合、月給が手取りで17万円程度だろうか。確かに客観的に見れば少ない。ただ私の場合、勤務時間がそこまで長くない（月120時間弱、要は社会保険の加入要件ぎりぎり）ので時給換算ではそう悪くないのと、独身かつお金を使わない性格上、この程度の収入でも足りてしまうので不満がない。

ここで、いくつか但し書きを加えねばなるまい。私が給料面の不満がない理由は、

・JCILでは時給がそれなりに保障されている

・私が独身である

という点である。つまり、他の現場での給料がどうか、仮に結婚して子どもを持とうとしたときにどうかという問題がある。前者の問題

に関しては私も調べたことがないのではっきりしたことは言えない。ただ、橋本健二氏の『新・日本の階級社会』によれば、パートやアルバイト、派遣社員といった非正規労働で働く「アンダークラス」の層が日本には929万人存在するという。その平均年収は186万円。これを知ったとき、私より給料の少ない人たちがごろごろいるという事実に絶句した。

　後者の問題に関しても、これまたJCILでは結婚して子どももいるという介助者が何人かいるが、他ではそうした人生設計が可能とは残念ながら限らない。

　途中から介助の話ではなくなってしまったが、介助の仕事もまた、ボランティアから仕事となり、そこから介助者が食える仕事になるまでに長い年月を要し、しかもそれはまだ途上なのである。一介助者として、自分が食える状態であるという地位は守らねばならないと思うし、介助以外でも、必要とされる労働であるのに適切な対価が支払われないという事例が今なお多くあるという事実を胸に留めなければならないと思うのである。

大事なのは「距離感」　土岐光一（25歳　男性）

❶　24歳の時にヘルパーになりました。

❷　僕は大学を卒業する時に卒業後どうしようか悩んでいました。大学院に進学しようかと思っていたのですが、経済的な面からすぐに進学というのも難しく、かといって就職活動もたいしてしていなかったわけです（1カ月ぐらい就活をしてみようとしたこともあるのですが、毎日のように何度も通過する必要のある面接のために大阪まで行かざるをえない生活で、就活自体が「なんかこれは自分には無理だな」とも思っていたような状態です）。ちょうどそんな折にJCILで元々ヘルパーをしていた知り合いの方に、ヘルパーとか興味ない？と声をかけていただいたのがきっかけです。

　その時、ヘルパーを始める前に思ったことは、ヘルパーという仕事

がどういうものかまったく想像がつかない、ということでした。

❸　ヘルパーの仕事を始めて最初に思ったことは、右も左もわからない、ということでした。

　もともと僕は介助や介護などの仕事自体が初めてだったこともあり、当時は地域でヘルパーを使いながら生活をしている人がいる、ということもあまり理解していたわけではなかったのです。当然のことながら（と今では思えますが、始めたばかりで四苦八苦していた頃はそんなことをしっかりと考える余裕もなかったのですが）、ヘルパーを利用されている当事者の方々は、一人ひとり異なった生活スタイルで日々過ごされています。どういうふうにヘルパーに仕事をしてほしいか、どの仕事はしっかりやってほしいか、どの仕事は正確さより素早さを求めているかなど、それぞれの当事者の方の性格を知ってその方の生活を理解すること。これがしっかり理解できていなかったから右も左もわからなかったのだなとしばらくしてから気づくようになりました。

　そんな気づきを得るぐらいには心に余裕をもって仕事ができるようになった理由は、当事者の方との関係性が少しずつ築けていけたからなのかと思います。今はヘルパーの仕事を始めて一年と少しぐらいたちましたが、大事なのは「距離感」かなと思っています。この仕事は、毎週同じ時間にお宅にうかがって生活（の一部）をともに過ごすものですが、利用者の方とヘルパーの関係はもちろん友だちでもなければ家族でもない、けれど一定の頻度で同じ時間を過ごしている、というものです。

　そうして日々過ごしていくなかで、ヘルパーは、利用者の方の指示を仰いだり、場合によってはこちらの意見を求められたりと、「何かをする」ことが日常です。けれど、利用者の人からとくに何も指示がなかったり、あんまり話しかけてほしくなさそうな雰囲気だったり、もちろんそんな状況もあります。そこでヘルパーから距離をつめて、今なにかしましょうか？と聞いたりするのはあまりよくないな、と僕は感じています。利用者の人が「なにかする気分じゃない」「指示を

聞かれるのも疲れる」「ゆっくりしたい」ような気分の時には、無理に指示を仰いだりしないでこちらも気を張らずリラックスする、という意味で「距離感」が大事だと思っています。

❹　❸の質問の答えで、自分なりに介助、介護の仕事の「いいなあ」と思うことを考えながら書いたので、ここでは「しんどいなあ」という面について書こうかと思います。この仕事でつらいと感じるのは、生活のリズムがつくりづらいことです。介助の仕事は、朝、日中、夕方から夜中まで、夜勤など、24時間のどのタイミングでも仕事が入ることがあります。なので、どうしても起床・就寝時間などは日によってバラバラになってしまいがちです。これは働いていくうえで仕方ない部分もあると思うのですが、やはり日々生活リズムがつくりづらいというのは単純にきついなあ、と思うところではあります。

佐々木さんと会うのが楽しみ　松山洋二

❶　私がこの仕事に入るキッカケは息子がちょっとの間、JCILに入ってたみたいで、2010（平成22）年2月に、「おやじ、ここ行ってみたら」と十条油小路近辺の地図を渡してもらい、まず小泉さん（自立支援事業所所長）と話し、面接でいろいろ聞かれ、「じゃ明日からお願いね」と言われ、車での送迎をはじめました。

　　この時52歳。最初は車だけでしたが、その後、介助の仕事もやってもらうと小泉さん。

　　4日間、介助者になる研修を終え、何人かの人に付き、一人ひとりやることが違い、個性も……。

❷　この時はやっていけるかなと思ったこともあり、6年、7年、8年と毎日毎日がなんとなく過ぎ去っていく感じ。

❸　今、10年近くこの仕事をやってやっと全体が見えてきて、去年（2018年）「佐々木さんのところへ行ってください」と廣川さんに言われ、すぐにバイクの事故に遭い、1カ月半ほど入るのが遅くなりました。

❹　ダウン症の方の介助に入るのが初めてだったので、うまくコミュニケーションがとれるのか少し不安でした。でも佐々木さんと会話をし、すぐにその不安はなくなり、今では佐々木さんと会うのを毎週楽しみにしています。

▷自由に生きることを支える仕事　廣川淳平（38歳　男性）

❶　大学を卒業して、それまでアルバイトをしていた保育園で働き始めましたが、保育士資格が取れず1年で辞めて、その春、23歳からこの介助の仕事を始めました。

❷　高校の時からの友だちが先に日本自立生活センター（JCIL）で働いていて、僕が保育園を辞めたのを知って声をかけてくれました。僕は保育士試験に受かったらまた保育園で働きたいと思っていたので、介助の仕事はそれまでのアルバイトのつもりでした。

　大学生の時には知的障害児（入所）施設での実習を経験していたのですが、施設でも親元でもない場所で一人暮らしをされているということを知って、興味も持ちました。

❸　「やってみて最初に思ったこと」については、介助の仕事を始めるまでは重度障害を持った方が一人暮らしをされていることをまったく知らなかったので、単純に「障害が重い人でもこんな生き方ができるんだ⁉」と、とても驚きました。

　次に「しばらくして思ったこと」についてですが、当時「支援費制度」という名前の制度があって、今の「重度訪問介護」と同じように8時間とかもっと長い時間そばにいて、指示があったらすぐ対応する、つまりその方がしたいことをいつでもできるんだ、ということがだんだんわかってきました。そして自分が介助者としてそこにいることでその方の「自由」が生まれるんだと知り、やりがいを感じました。その秋には保育士試験にも無事合格したのですが、JCILでの仕事を続けていきたいと思うようになっていました。ちょうど支援費制度の利用者・時間数が急速に増えた頃と重なって、介助の依頼を受ければ受

けるほどどんどん増えていき、若さにまかせて無我夢中に働きまくっていました。

　さて、このあと「そして、今は」ということを書くとなると、16年間の出来事がすっとんでしまうので、その間のことも少しだけ書かせていただきます。

　働き始めてから1年ほどたった頃、所長の小泉さんが「コーディネーターの仕事もしてみない?」と声をかけてくださって、どういう仕事をするのか正直あまりピンときていませんでしたが、自分の中の何かを認めてもらえたようでうれしくて、喜んで引き受けさせてもらいました。

　JCILではコーディネーターという仕事があり、介助派遣の予定調整をしたり、利用者・介助者の相談事に対応したり、大小の話し合いの場を設けたりしていました。介助者として利用者の生活の場に入ると、基本的には相手との一対一の関係に終始するし、終わったら自分の家に帰るだけなのですが、自分はコーディネーターとしての仕事もさせてもらえたので、事業所の内外で多くの人とかかわることができました。役職名がつくぶん期待されるものも増えるし、どうしても責任は重くなってくるのですが、多くの経験を積ませてもらえたことは自分にとって大きな糧となりました。

　「トライアングル」のメンバーの佐々木元治さんをはじめ、何名かの方の自立支援にもかかわらせてもらえて、それぞれたいへんなこともたくさんありましたが、「自立生活」が少しずつ形になっていくのをそばでお手伝いさせてもらえて、当初に思った「自由に生きることを支える仕事」なんだということを何度も実感することができました。

❹　アンケートの依頼をお受けして、改めて自分たちが介助の仕事を続けていくために必要なことは何か?と考えました。たとえば「疲れた心身をしっかり休められる」「有休がもっと取りやすくなる」「困りごと・悩みがある時に気軽に相談できる人・場所がある」「仕事仲間と親睦を深められる機会がある」「研修の時間が必要なだけ十分にとれ

る」「一日8時間週5日くらい働けば生活に困らない」「年をとって徐々に働ける時間が短くなっていっても暮らしに困らない」などなど、少し考えただけでもいろいろ思いつきましたが、どれもつきつめて考えれば「お金」だと思います。

居宅介護派遣の事業所は、利用者のところで介助を行ったことによって介護報酬を得て、人件費・事業費として還元されます。その介護報酬単価が十分に上がれば何よりまず人件費を上げられるし、多様な事業（各種研修・社会運動・居場所づくり・広報など）にも予算をさけるし、そうして労働条件がよくなってくると入職を希望する人も増えます。人手が増えれば介助者は休養を取りやすくなるし、利用者・介助者ともにより相性のよい相手を選べるようになるかもしれません（相手を商品として見るようなので「選べる」というのはあまりいい表現ではないのですが、人間同士なのでどうしたって「相性」というものはあります）。

僕は介護に限らず人間の「生きる」ということに深くかかわることには国家予算がもっともっと振り分けられるべきと考えます。仕事というくくりでいえば介助・介護の他にも、たとえば教育・保育、医療・看護など、いずれも「基本的人権」のすぐそばにあるものですし、行政にはここにこそ予算を使わせないといけません！　……すみません、政治の話を書くほどの知識もないのにヒートアップしてしまいました。要は「行政には福祉にもっとお金を使わせないといけない」ということが書きたかったのでした。7月の参院選では重度障害者が2人も国会議員になられてびっくりしたのと同時に、相変わらずの低い投票率でも変化が起きたのだから、みんながもっと投票に行けばさらに大きな変化が起こせるはずと思いました。

アンケートの最後にこれだとちょっと変ですが、お読みくださったみなさま、政治家に組織票ではなく、こちらを向かせるために「必ず、投票に行きましょう！」。

（2019年7月末・9月末発行「トライアングル」No.203・No.204掲載）

当事者はみな、それぞれ介助のしかたがある　大湾直史（49歳　男性）

❶　急逝された松山さんの後、2020年9月から介助に入っています。

❷　仕事を探していた時に母の紹介でピープルファーストの大会を手伝いました。それまで、専門的な知識や技術がないと、障害をもった方の介助はできないと思っていましたが、私にも手伝えることがあるのではないのかと思いました。

❸　最初の介助の方は重度障害の方で車いすへの移乗ひとつにしても、どこを持てばいいか、力加減、車いすの部位の名称など、わからないことばかりでした。その方はすごく丁寧に教えてくれました。しかし、当事者の方はみな、その方の介助のしかたがあるので、教わったことをそのまますわるわけにはいきません。そのつど、確認しながら介助するのですが、時間がないときに勝手に自分がやりやすい方法でやって、嫌な思いをさせてしまったことも、何回もあります。

　　介助に入った方が、自分で決めて、自分ですることができるのが一番うれしい。施設にいた頃は何でもさせられるだけで、自分でしたら怒られたと言ってました。当事者さんの自立生活のお手伝いを、本当の意味でできるようにしたいと思います。

❹　今年（2020年）はコロナがあり生活も一変しました。介助も喘息持ちの私はマスクをしながらで息苦しいのと、眼鏡がくもって見えにくいとつらい状況にあります。当事者の方と密接にかかわる介助者として、今まで以上に健康管理に気をつけようと思います。

第2章 元治の介助をしてその後

　元治が自立生活を始めた当初から介助してくれているヘルパーさん5人は、3年になろうとしています。そこでもう一度アンケートをとりました（2020年12月実施）。

　介助ノートから読み取れる日々のかかわりは、一年が終わる頃に思った感想とは異なる思いを感じます。

　何といっても、介助の仕事を継続されています。このことをとてもありがたく思うと同時に、「なぜ？」の興味があります。きっと、答えは以下の感想にある！　この本を読んでいる方も興味深く感じていただけると思います。

4人のヘルパーさんの声

「人生の彩り」を再確認　佐藤宰

　気が付いたら佐々木さんのところに入ってから3年目の年が終わろうとしている（この文章は2020年の年末に書いている）。

　この3年近くの間で、佐々木さんの介助というだけでもいろいろな変化があった。

　夜6時に来て、夕食のメインを何にするか佐々木さんに聞く。佐々木さんはiPadで開いたクックパッドのページを私に見せる。最初のころはiPadはなく、レシピ本を使うことが多かった。今ではiPadがあり、佐々木さんはそれを調べものや動画視聴のために使いこなしている。最近スマートフォンも使うようになった。この文章を書いている段階ではまだ操作に慣れていないところもあるが、そう遠くないうちに順応するだろう。

夕食を作るとき、佐々木さんにサラダの味付けをお願いする。最初のころに比べると、佐々木さんにいろいろと仕事を振ることも多くなった。根本的に私は他人に仕事を振ることが苦手なので、ほかの介助者の人に比べれば自分でやってしまうことも多いのだろうが、それでも佐々木さんにお願いする。あるいは、佐々木さんのほうが自発的にやってくれる範囲は最初のころに比べればずいぶんと広がった。

　夕食の後、競馬の騎手藤田菜七子さんの話になる。思えば佐々木さんの「推し」も３年の間で変化したことである。最初のころは中島美嘉さんや安室奈美恵さんの話が多かった。ここしばらくは菜七子さんにぞっこんのようだが、今後変わることはあるのだろうか？

　長い目で見るとこのように大きな変化があり、小さな変化は毎日無数に起きている。介助に入るときには毎回記録をつけるのだが、書く内容がなくて困ったことは一度もない。

　そもそもまったく代り映えのない人生など存在しない、と言ってしまえばそれまでかもしれない。しかし、佐々木さんの介助に入ることで「人生の彩り」を再確認することができたのは間違いなく事実であり、彼の介助に入ることができてよかったと思う。

人の生活と社会の基盤を支える仕事　中村亮太

　佐々木さんの自立生活にかかわって、２年８カ月がたちました。私自身の介助者としての時間も同じぐらいたったわけですが、その短い時間でよく思うようになったことは、介助という仕事は社会にとって必要な仕事の一つだということです。介助は、ある人の生活にとって必要な仕事であり、社会にとっても必要不可欠な仕事であるという実感が、私が介助を続けようと思える理由の一つでもあります。

　たとえば、現在の新型コロナウイルスの感染が続くなかでも、介助や介護などのケアにかかわる仕事は、日々の仕事を行っています。こうしたケアにかかわる仕事は「自粛」できません。それは、この仕事が、人の生活という社会の基盤を支えているからだと思います。

どんな障害があっても、あるいは老いても、どんな人でも、施設や病院ではなく、地域で暮らせる社会のほうがよいと私は思います。介助という仕事は、個々の人にとって必要であるとともに、そうした社会を実現させるためにも必要であると思っています。

▷自分自身で向き合わないといけない問題　田中一央

最近、介助で重要なのは「介助者のやること」と「利用者のやること」の選択をすることだなと思う。

介助は基本的に利用者さんとうまく関係がつくれていたら、実際頼まれる作業に難しいものはほとんどない。

難しくないがゆえに、頼まれてないことでもついついやってしまう。

たとえば「床に散らばってるゴミをゴミ箱に入れる」とか、「聞かれたことを介助者がすぐ調べる（利用者本人もケータイを使えるのに）」とか、一つひとつは些細なものなのだが、そういう些細なことを利用者本人がやるか、介助者がいつのまにかやっているかで、その利用者の生活が「自立」に向かっていくか、ただ「一人で暮らしているだけ」になるかの分かれ道になると思う。

ただ、頭ではわかっていても実際働いていると、「これぐらいやっておくか」とか「交代の介助者に迷惑かも」などと思い、積極的に介助しようとするほどやり過ぎてしまう。

私もやり過ぎてしまい、私もその利用者さんも「どちらがどこまでやればいいのか」を見失い、かなり困った経験がある。

「自立生活は楽しいもの！」という希望を持つのはとてもよいことだと思うが、たいへんなこと、自分自身で向き合わないといけない問題などは必ずあり、それを乗り越えてこその自立だと思う。

利用者が本当にできないことは介助者が助ける、できることは利用者がきちんとする、できるけどやらないことはそれはそれで尊重する、そういうスタンスがよいのだと思う。

「ワクワク感」維持の秘訣　廣川淳平

　一人暮らしをめざし、佐々木さんと私はまず自立体験室での料理の練習から始めました。私が佐々木さんの実家まで迎えに行って、二人で意気揚々と出発！　市バスと地下鉄を乗り継いで、スーパーで食材を揃えてから自立体験室に向かいます。片道一時間ほど。到着した料理を作って一緒に食べ、「うまくできたな〜」「おいしいな〜！」「大成功‼」と喜び合い、褒め合い（笑）、後片付けと掃除をしたら退室、同ルートで帰途に。途中で北大路ビブレやカラオケに寄ることもありました。

　あれから早いもので、（この文章を書いている時点で）もう3年1カ月がたちます。

　私がすごいなぁと思っていることは、佐々木さんの「ワクワク感」がとどまるところを知らないということです。

　練習が始まったころにワクワクする気持ちは、すごくよくわかりますよね。念願の一人暮らしにむけて踏み出し、やったことのないことにチャレンジ、結果も出せて、気分は上り調子です。あの頃は佐々木さんの表情が本当にキラキラしていました。

　余談ですが、家探しについては、いちど仮決まりした物件が翌日に手のひら返しされるという憂き目にも遭いました。「借り主に障害があることが不安」という不合理な不利益取り扱い、差別事例でした。この時はさすがに佐々木さんはものすごく落ち込んでいたのですが、仲介業者の担当者が奮起してくださって、今の物件を見つけてもらえたのでした。

　物件が決まり、引っ越してそこで新生活をつくりあげていくのが、これまた楽しいですよね。

　家具・家電の配置も、毎日の料理を選ぶのも佐々木さん本人です。私自身も振り返れば自分が一人暮らしを始めた当初の独特の充実感は今でも思い出せますし、佐々木さんの心境も想像に難くないです。

　私は実家にいたころは料理をしなかったので、まずはレシピ本を買っ

て、律儀に最初から順番に作っていったり、書かれている調味料や香辛料も全部揃えたりしていました（そしてそのうち料理しなくなってきて、香辛料の賞味期限も切れてしまいました）。

　介助体制は若手が４名、年配が１名、私の計６名の布陣でした。

　後日、みんなに話を聞いたのですが、やはり戸惑うことやわからないことが多くてたいへんだったようです。それでもそれぞれ実直に佐々木さんと向かい合って意思を尊重してくれたおかげで、日々楽しげに過ごされている様子がノートのそこかしこに見えました。

　この「楽しげな感じ」「ワクワク感」が、そろそろ３年目が見えてきた今でも減衰していないのです。

　誰でもだんだん面倒くさくなってくること、マンネリ化すること、手抜きするようになるのが普通と思っていました。

　ですが、佐々木さんはいつも何か思いついているようで、それも結構な割合で新しい思いつきなので「それはどういうこと？」と確認すると、一生懸命説明してくれます。

　タブレットを買われたのも大きかったなと思っています。

　佐々木さん一人の時間にいろいろ検索しているようなので、これもワクワク維持の秘訣なのかもしれません。

　それともう一つ大切なのは、そのワクワクにつきあってくれる介助者の存在です。

　たとえば献立を考える時に佐々木さんが突拍子のない味付けを言い出されても、介助者は（え!?　それ大丈夫？）と思いつつも応じてくれます。結果的に考えていたようにいってもいかなくても、「自分の思いが実現できた」ということになるのだろうと思います。

　それがまもなく一人暮らし３年になる今にいたるまで、ずっと「次はどうしようかな？」がつながりつづけている理由なのかもしれません。

　私は佐々木さんのところに介助に入らせてもらうことで「失敗とか成功とか、そんなことは単純には、すぐにはわからないから、やってみたらいい」「その結果、おきたことも共有して、次の何かにつないだらい

い」と、前よりも強く思えるようになりました。

　主に身体障害のある方のところの「指示を出す人とそのとおりに動く人」という関係ではなく、佐々木さんのところは、常に2人で互いにおしゃべりをしながら生活が進んでいく感じがします。

　私たち介助者は手足として介助を行う場面もなくはないですが、それよりはむしろ、それぞれ個性的な考えを持つ身近な人として、曜日ごとに入れ替わり訪れ、それぞれ得手不得手があるところも佐々木さんに包容してもらいながら、みんなでやってきた感じがしています。

　あの部屋で、介助のみんなと作り上げてこられた安心感とワクワク感を、健康も維持しながら、続けられるように私もこれからも頑張っていきたいなと思っています。

ヘルパーさんからの回答を読んで

　親はコーディネーターの廣川さん以外、ほんの時たま、お願いがある時しかヘルパーさんとお話をすることはありません。でも、介助ノートを読んでいるので、いつもおしゃべりしているような感覚を持っています。

　「元治の介助をしてその後」のアンケートの回答を読み、それぞれの方が介助という仕事を、必要なこととして継続してくれていることに、改めて感謝の気持ちでいっぱいです。

　ダメもとで始めた元治の自立生活でこのような出会いがあり、元治の成長を目の当たりにして、とてもうれしく思っています。

　指示の出せる当事者と違い、親でも理解しにくいことの多い知的障害のある人の意思決定支援は本当に難しいと思います。親では決してできない客観的な支援と、寄り添う支援をこれからもよろしくお願いします。

コラム 「いのち」をつなぐということ　　　　佐々木和子

　生物は宇宙のちりから生まれたのです。

　宇宙が誕生したのは 138 億年前の「大爆発（ビッグバン）」で、その後、多くの星が生まれては死んでいきました。星の寿命は重さによって違い、太陽程度の重さの星は約 100 億年だそうです。最も重い星の寿命は約 1000 万年程度しかなく、世代交代を繰り返し銀河中の重い元素を増やしていきます。

　地球上に存在するすべての生命を形づくっている重い元素は、どこかの星の中心部にあったと考えられます。生命誕生には、繰り返されている星たちの壮絶な一生があったのです。

　ちょっとロマンチックで感動的ではありませんか？

　そして、約 47 億年前、太陽系が形成され、太陽のまわりのガスやちりが集まり微惑星が生まれました。その微惑星が衝突、合体を繰り返し、約 46 億年前に原始地球が誕生したのです。

　最初の 10 億年は火山の爆発、稲妻、滝のような雨をともなうすさまじい場所でした。やがて地表と大気は冷えはじめ、海がつくられました。その間にゆっくりと生命のもとである有機物がつくられていき、約 38 億年前に原始の海の中で最初の原始生命（自己複製子）が誕生したといわれています。

　自己複製子は生まれるとまもなく、そのコピーを海中に増やしていきました。

　この複製という作業、時々、間違うのです。そのため原始の海の中は「祖先」は同じですが、タイプの異なった自己複製分子が増えていき、元気なものが生き残っていきました。

　たった一度っきり生み出された生命のもとは、その生命維持の方法を頑固なまでに変えず、子孫に伝えてきました。それが遺伝です。そして遺伝物質 DNA です。

また、一方で、地球という変化する環境に適応するために、遺伝子の組み合わせを変えて、遺伝形質の多様性をつくりだし、多様な生命体を生んできました。

　ちなみに今、地球上で発見され、分類されている生物は約125万種だそうです。

　38億年前に生み出された生命のもとが、今、125万種。絶滅した種も加えたら地球は多くの多様な生命体を生み、消していった歴史がある、ということです。

　そのなかで人間だけは特別なんて、地球という星は絶対、考えてないですよ。

　主導権は地球にあるのですから。

　その多様な生命体を生んできた結果、適応する遺伝子とともに、生命に重大な影響をおよぼす遺伝子の変化も数十個、すべての人が持ってしまっています。

　その多くは劣性遺伝で、かくれています。

　また、すべての生物は、親と異なることも、他の人と異なることも自然のことなのです。と同時に障害を持つことも、病気になることも自然な流れで、遺伝性疾患や障害をなくすことは不可能なことです。

　膨大な地球時間のなかで、生命体はゆっくりでも、絶えず変化しています。

　そうした時間の流れのなかで生まれてくる新しい命は、どんな形であれ、地球の営みにとって必要な命なのです。

　私たちが住む地球という星の上では、人間は特別な生き物ではなく、地球時間でいえば、ごくごく最近生まれた一つの生命体にすぎません。

　今、問題になっている新型コロナウイルスも私たちの親戚といえば、親戚なのです。だから、簡単に体に取り込んでしまうのです。でも、あまり仲のよい親戚とはいえないようです。

　生物が多様に変化してきたのは、生物が地球上で存続するのに必要だったからで、その過程で持った、病気や障害とはつきあい、折り合いをつけながら生きていくのがすべての生物としての当然のありよう

なのです。

　長い時間にともなって起こる生物の形や不可逆的な変化を進化といいます。

　私たちは、人間が進化の産物であるために、進化を漠然と「よいもの」であるかのように考え、特別な生き物と思いがちですが、人間も他の絶滅していった生物と同じ、たんに変化を繰り返すなかで偶然生まれた生物の一種で、地球という星の歴史のなかの一コマに過ぎません。

　そして、1982年12月28日、我が家にダウン症の赤ちゃんがやってきました。

　ダウン症候群とは21番染色体を1本多く持ってしまったために、発達の遅れとさまざまな病気がおこります。いろんな似通った症状が特徴的にみられるので、1866年、イギリスのジョン・ラングドン・ダウンが独立した疾患として、報告したのがこの症候群の名前のはじまりです。

　ダウン症候群の症状の原因は、遺伝子の変異によるものではなく、21番染色体が1本多くあるために、21番染色体に存在する遺伝子の量が通常より1.5倍あり、遺伝子がタンパクを余分に作り出すためです。そのためにさまざまな症状がでるので症候群といいます。

　21番染色体はヒト染色体のなかで最も小さいもので、遺伝子の数も約225個、ほぼ同じ大きさの22番染色体の半分以下です。同じ大きさの染色体でも存在する遺伝子の数は違う、ということです。

　人の身体は約37兆個の細胞でできています。細胞は核と細胞質からできていて、核のなかには46本の染色体があります。染色体の上には人の身体を作るすべての遺伝子がのっています。

　染色体は大きい順に1番から22番までの常染色体と性を決める性染色体（X、Y）があり、各番号2本ずつあります。それはお母さんから23本、お父さんから23本もらうからです。

　父親からX染色体をもらうと女の子、Y染色体をもらうと男の子になります。

　細胞には身体を作る体細胞と、次代に情報を伝える生殖細胞（女性

は卵子、男性は精子）になる細胞があります。体細胞は細胞分裂する時、46本の染色体をきれいにコピーして、どの細胞にも46本もちますが、生殖細胞は受精して46本になるように、染色体数を半分の23本にする、減数分裂という作業をします。その作業は、親と違う性質を持つために、お父さんの遺伝子とお母さんの遺伝子の入れ替えをしながら（入れ替えは体細胞ではしません）、46本の染色体を2分の1にするという、とても複雑なことをするので、よく間違うのです。

　この間違いはどの番号でも同じように頻繁に起こっているのですが、21番、13番、18番とY染色体には、生命に大きく関与する遺伝子がのっていないため、遺伝情報のアンバランスをひきおこすことも少なく、少数ですが、生まれてくることができます。

　でも他の染色体の場合は、受精しない、受精しても着床しない、気がつかないくらいの早期流産、流産などがおこり、生きて生まれることがほとんどできません。

　流産の6〜7割はこの染色体の変異といわれています。

　このように、すべての生物のなかで、日常的に遺伝子も含め変化は起こっています。

　私は息子の元治がダウン症候群だったことから、私の身体のなかで何が起こったのかを知りたくなり、紐解いていくうちに、地球誕生にたどり着きました。そして、生物ってなんて複雑なことをしながら命をつないできたんだろうということにとても感動しました。元治がダウン症だったことは、地球が命を育む営みのなかで起こるごく当たり前のことだったのです。

　こうして知った知識を根拠に、「命の質を選ぶ出生前診断は生物のありように反しているし、まして、地球誕生から46億年かけて今にいたるゲノムを、人工的に一瞬に変えてしまうゲノム編集なんてとんでもない」と考えています。このような行為はすべて人間の都合のみで行われ、大きな市場となっています。また、差別を助長し、ヒト社会を混乱させている原因になっていることも問題と考えて、活動してきました。

　誰もが安心して子どもを産み、育てることのできる社会は、障害を

持つ人が、住み慣れた地域で自立生活を送れることに共通しています。そんな社会になっていくよう、活動を続けていこうと思っています。

第 3 部

障害がある方の地域での
自立生活を支援して

廣川淳平

はじめまして。日本自立生活センター（JCIL）の廣川淳平と申します。

私は、「京都ダウン症児を育てる親の会　トライアングル」が2018年11月3日に京都市高野障害者スポーツセンターで開催された講演会で、「障害のある人の地域での自立生活を支援して」と題して、私がかかわらせていただいている方たちのお話をさせていただきました。

中トビラ写真の右にいるのが私です。大勢の方の前で講演会形式でお話しさせていただくのはこの時が初めてだったので、緊張で心臓がバクバクしていました。

左が佐々木元治さんです。実は佐々木さんは私と小学校が同じで、しかも私の弟の友だちだったのです。年下でしかも今回の話の主役なのに私より余裕のある表情をしていて、感心しました。

「ずっと夢だった一人暮らしが実現できた！　今日はその発表をして、みんなに見てもらうんだ！」という自信の表れだったのでしょうか。

その後、今度は佐々木和子さんから共編著のお話をいただき、このたび講演会の内容をみなさんにお読みいただきやすいように書き直しました。

佐々木さんと私の会話形式で発表した第1章については、その時のかけあいの雰囲気、テンポを大事にしたいと思ったので、文字おこしをしたものをほぼそのまま掲載しました。佐々木さんの潑剌とした声を想像しながらお読みいただけたらと思います。

佐々木さんの一人暮らしを支える制度や他の方の生活を紹介した第2章については、講演では時間制限があるなかでやむなく省略した部分があったので、今回の本のために新たに大幅に書き足しました。みなさんがお子さんの一人暮らしについて考えられるにあたり、少しでもお力になれれば幸いです。

第1章 ダウン症の方の一人暮らしってどんなのかな?

まず自己紹介を軽くさせていただきます。廣川淳平といいます。40歳です。

私の働いている日本自立生活センターは、障害者の当事者運動をしています。

日本自立生活センター（Japan Center for Independent Living）の英語の頭文字をとって「JCIL」とよく呼ばれていて、自分たちのためだけでなく、「誰もがどんな障害があっても地域で当たり前に生きられる社会」にするための活動を続けています。

私はそのなかの「自立支援事業所」という、介助派遣をする事業所で仕事をしています。介助派遣の予定調整をしたり、利用者や介助者の相談に乗ったりするコーディネーターという立場で仕事をして、もちろん実際に自分自身が介助の現場に行くことも、よくあります。

この仕事を始めてまだ17年くらいなのですが、今日はそのなかで「一人暮らし」の実現までのお手伝いをさせていただいた3人の方たちの話を中心にさせていただきます。

では、第1章は「ダウン症の人の一人暮らしってどんなのかな?」ということで、さっそく佐々木さんと一緒に発表します。よろしくお願いします。

僕の一人暮らし

佐々木 「僕の一人暮らし」佐々木元治。

廣川 これは佐々木さんがお出迎えしてくれたところです（写真1）。

佐々木 時計をみて、待ってます。

廣川 私はバイクで行くんですけど、近づくとガチャッと窓を開けて「おーい」と出迎えてくれます。

佐々木　僕の部屋です（写真2）。

廣川　これは佐々木さんの部屋です。けっこうきれいにしてはって、机の真ん中に写真が置いてあるけど、これは誰の写真？

佐々木　……。

廣川　……あ、秘密でしたか。ごめんなさい、秘密だそうです（会場笑）。

　好きなアーティストの写真が置いてあります。自分の好きなものを部屋に置いて、どんどん自分らしい部屋になってきたなと、よく思います。

　ある日は部屋に入ったら大きなポスターがバーンと貼ってあって、「いいなぁ！」と感動しました。そうして部屋に入ったら、まずはおしゃべりの時間です。

佐々木　自分で、ご飯を炊いてます。

廣川　「ご飯、炊いたで、2合！」とか言ってくれはります。

　介助者が来る時間にあわせて、自分でお米をといで、炊飯器をセットしてくれてます。これは冷蔵庫ですね（写真3）。

　お互いの近況などを少ししゃべったら、次に晩ご飯の相談をします。「今日は何を食べたい？」と聞いたら教えてくれます。

　この時は「炒め物がいいわ」って言ってたなぁ。晩ご飯はいつもどうやって決めてるん？

佐々木　自分で考えて、決めてます。

廣川　行ったらもう「○○を食べたい！」と決まっていることが多いで

写真1

写真2

す。食べたいものを聞いたら、次に「材料はあるかな？」と冷蔵庫の中を一緒に確認して、買う物のメモを作ります。

　これは、フレスコまで買物に行く時です（写真4）。フレスコは近くのスーパーのことです。買い出しの道中でも、いろいろな話をします。今日の仕事はどうだったとか、野球の話とか、話題はいろいろです。

佐々木　僕は、阪神ファン！（会場笑）

廣川　そやな！

　この時は、「今日はタマネギ3箱、やったで」「それは頑張ったなぁ。疲れた？」「だから湿布お願いします」「OK、風呂のあとね」とおしゃべりしながら、向かいました。金曜は仕事がたいへんやなぁ。重いものを運ぶし。

　次、これは何のシーンですか？

佐々木　これは、フレスコで買い物しているところです（写真5）。

廣川　かごの中には何が入っていますか？

佐々木　ウメッシュ、やな（会場笑）。

廣川　ウメッシュは晩ご飯のあとの楽しみですね。

　ウメッシュと言っておられますが、実はチューハイが多いです。その日の気分で好きな味のものを選びます。「ほんま好きやな〜」「そやね〜ん」みたいな感じで、いろいろ話しながら買い物しています。

佐々木　レジではお金を数えてもらって、

写真3

写真4

写真5

写真6

写真7

自分で払います。

廣川　店員さんから値段を言われたら、介助者が佐々木さんの財布を借りてお金を数えて、「これを払ったらいいよ」と手渡します。それを佐々木さんが支払っています（写真6）。

　料理はいつもは介助者がしています（写真7）。台所で料理をしていると、部屋から気分の盛り上がる曲が流れてきます（会場笑）。何かと言うと、佐々木さんはCDをたくさん100枚以上持っていて、そのなかから好きな曲を選んでくれます。好きな曲というか、たぶん介助者に合わせて、たとえば私ならちょっと年上なので世代を上げたりとか（会場笑）。年配の介助者も来ているのですが、その時は百恵ちゃんとかね（会場笑）。いろんな時代のCDを幅広く持っているので、面白いです。

　それで、料理ができてきたら味見をしてもらいます。「できてきたから味見しにきて〜」「はいは〜い」みたいな感じでね。キッチンに来てくれます。

佐々木　自分で料理することもあります。IHを使ったら大丈夫です。

廣川　IHは、お母さんが佐々木さんの一人暮らしのお祝いにということで、プレゼントしてくださいました。

　ちょっと見えにくいかもしれませんが、野菜は私がパ〜ッと切って、皿に分けて持ってきて、佐々木さんはそれ以外は全部、それこそ野菜を切る以外は全部自分でやっています（写真8）。

　そして、料理のできあがりです。これは別の日の写真（写真9）ですが、メインは豚キムチですね。「豚キムチ食べたい」と言われて、あと

84

は、厚揚げと白滝の煮物、納豆もずくかけ冷やっこ、これは佐々木家の伝統のおかずらしいです（会場笑）。お母さんが教えてくださったもので、とても美味しいです。あと、お刺身ですね。

佐々木　お刺身は、お土産です。僕の仕事のHELP（自然食品スーパー）のです。

廣川　金曜はHELPで仕事を頑張って、お土産を持って帰ってきてくれてます。

写真8

　あ、よく見たら、後ろに安室（奈美恵）ちゃんのポスターがちらっと見えますね（会場笑）。安室ちゃん、好きやもんな。こんなふうに自分の部屋を好きなように飾ってはります。

　ご飯の後は？

佐々木　ご飯の後は、休憩して、お風呂に入って、薬を塗ってから、寝ます。

廣川　介助者はこの時間に洗い物をしたり、お金の計算をしたり、支援の記録のノートを書いたりもしています。この場面

写真9

の写真は撮りませんでした。お風呂ですしね（会場笑）。

佐々木　ここまで、僕の一人暮らしの夕方から夜の過ごし方でした。

廣川　夜には、次の日の朝ご飯も介助者が作っています。メニューは定番で、いつもサラダと炒り卵を用意しています。

　朝には自分でそれを冷蔵庫から出して、ハムを加えて、トーストとコーヒーを添えて、いつもの朝ご飯のでき上がりです。

佐々木　朝には介助者は来ないので、自分で朝ご飯を用意して食べます。洗濯機をまわしたり、干したりするのも自分でできるようになりました。

写真 10

廣川　朝は全部自分でやってるもんなぁ。私がたまたま用事があって、朝に行った日があったのですが、洗濯物も自分で干せてました。カーテンの桟（さん）のところにピッピッピッと、上手にひっかけてできていました。

佐々木　ゴミを出したり、掃除機をかけたりするのも自分でできるようになりました。

　これは朝にプラごみを捨てに行くところです（写真10）。

廣川　何度か一緒に練習をして、黄色のごみ袋は何曜日、透明は何曜日と、ちゃんと決まった曜日に決まった場所まで、ゴミ捨てに行けるようになりました。

佐々木　自分でやってみても難しかったことは、介助者に手伝ってもらうことにしています。たとえば……。

廣川　献立を考えることですね。

佐々木　食べたいものは自分で考えているけど、材料選びや量を決めるのは、介助者にやってもらいます。

廣川　これには理由がありますね。献立を考えることと、その調理の仕方についてです。

佐々木　腎臓が悪いので、塩は少なめにして、いろいろ工夫して料理してもらっています。

廣川　佐々木さんは腎臓の病気があるので、塩は控え目です。

　お母さんが「介助者が料理しやすいように」とレシピをくださって、その本も見ながら作っています。基本的には薄味で、たんぱく質の摂りすぎにもならないように気をつけて、野菜はたくさん使うようにしています。

佐々木　お金の計算も苦手なので、レシートをノートに貼ったり、毎回、家計簿をつけたりしてもらっています。

廣川　一つはレシートのノートです。レシートをただひたすら貼ってい

くだけなのですが、漏れのないように全レシートを貼ってもらって、レシートのないものはメモをして、保管しています。

　もう一つが出納帳で、介助が終わったら最後に清算をしています。

　介助者も佐々木さんと同じご飯を一緒に食べているので、その日の料理に使った材料費を先ほどのレシートノートを見ながら計算して、佐々木さんに返金して、最終的にどういうお金がどのように動いたかという記録をつけていきます。

　日付を記入して、「ヘルパー食事代」とか「トイレクリーナー、ダックス」とか「食材、フレスコ」というように書いていって、最後に手持ちのお金と出納帳の計算があっているか確認して、サインをしています。

僕の一週間の予定

佐々木　次に「僕の一週間の予定」を見てもらいます。

廣川　佐々木さんの一週間の予定はこんな感じです。

佐々木　月曜はお昼に出かけて、ドラム教室に行ってます。火曜はゆっくりする日です。お母さんと一緒にオカリナの演奏をしに行くときもあります。

一週間の予定表

	月	火	水	木	金	土	日	不定期な用事
7:00		7:00〜9:00 朝食・洗濯など	7:00〜9:00 〃	7:00〜9:00 〃	7:00〜9:00 朝食・洗濯など	7:00〜9:00 朝食・洗濯など	7:00〜9:00 朝食・洗濯など	①大きい買い物・銀行
8:00								服や家具や家電など銀行に行くなど
9:00		ゆっくりする	バスで通勤	バスで通勤	ゆっくりする	ゆっくりする	ゆっくりして昼前に実家に歩いて帰る	必要な時に行く
10:00			10:00〜17:00 仕事 (嬉楽家)	10:00〜17:00 仕事 (嬉楽家)				②病院に行く
11:00		11:00〜13:00 昼食の調理 掃除など			10:30〜12:00 昼食の調理 歩いて通勤	11:00〜13:00 昼食の調理 掃除など	実家	腎臓などの検査や、眼の検査のために通院する。
12:00	11:30〜15:30 外出して 昼食や ドラム教室や 買い物や カラオケなど							
13:00		ゆっくりする			12:30〜16:00 仕事 (HELP)	ゆっくりする		病状にあわせて、安定していれば2カ月に1回、変化があれば毎月、など
14:00								
15:00								
16:00	自分の部屋に帰ってくる				歩いて帰ってくる			③外出
17:00			バスで帰ってくる	バスで帰ってくる				サークル活動やピープルファーストやJCILのイベントなど
18:00	18:00〜21:00 買い出し 夕食の調理 入浴、家計簿など	18:00〜21:00 〃	18:00〜21:00 〃	18:00〜21:00 〃	18:00〜21:00 〃	18:00〜21:00 〃		④お母さんと一緒にお年寄りの施設訪問オカリナボランティア
19:00								
20:00								
21:00								

廣川　火曜は決まった予定は入っていなくて、ゆっくりする日ですね。

　オカリナについては、お母さんと何年も前から演奏の活動をされていて、お年寄りの施設に行ってオカリナ演奏をするというボランティアをされています。

佐々木　水曜と木曜は「嬉楽家」で仕事をしています。金曜は HELP で仕事をしています。

廣川　HELP さんは近くの自然食品のスーパーです。

佐々木　土曜もゆっくりする日です。日曜の昼から月曜の昼までは実家に帰って、家族で過ごしています。

廣川　日曜はご実家に帰って、ご家族とゆっくりされてます。ご実家が高野のほうにあって、佐々木さんのお家は一乗寺で、歩いて 20 分くらいかな？　それくらいの距離だと思います。

　朝ご飯を食べて部屋を片付けて、ほどほどの時間になったら、自分で支度をして、実家に帰っておられます。

　これは佐々木さんの一人暮らし半年記念のパーティーをした時の写真（写真 11）です。「半年やし、がんばったし、お祝いパーティーをしたい！」と佐々木さんが言われて、「誰に来てもらいたい？」って私が聞いたら、「廣川くん！」と、私のことを呼んでくれると言ってくださったのですが、「ありがとう、でも 2 人だけだとちょっと寂しいな」と返したら、佐々木さんは「お父さんとお母さんも呼ぼう！」って言われて、それでご招待をして、4 人でパーティーをしました。

　この時はピザはピザ屋さんに頼んだのですが、「カルパッチョ」のサラダは自分たちで作りました。パスタの「ペペロンチーノ」も一緒に作りました。

　ちゃんと一週間前には試作もしていたので、美味しくて楽しいパーティーになりました！

　……というわけで、一人暮らしが半年たって、佐々木さんの今の気持ちはどんな感じですか？

佐々木　廣川くんとか、介助者が面白いです。やっぱり、心が、（中島）

88

美嘉ちゃんが大好きです。美嘉ちゃんと結婚するか、安室ちゃんと結婚するか、できたらいいです（会場笑）。

廣川 できたら最高ですね。すっごい好きやもんなぁ。ずっとこの2人のことで、迷ってはりました（会場笑）。時々ちがう人の名前も出てくるんですけど、それでもこの2人はレギュラーメンバーです（会場笑）。

でも、そういうところが「いいなぁ」と思っています。発表の資料を一緒に作っている時も、「親元ではこんなこともなかなかできないし、一人暮らしができてよかったなぁ」という話をしていました。

みなさんも思い当たるところがあるかと思うのですが、恋愛しやすいので、一人暮らしは（会場笑）。

佐々木さん、ありがとうございました（会場拍手）。これで、第1章の発表を終わります。

写真11

第2章 どんな制度を使って一人暮らしをしているの？

誰かの一人暮らしまでの物語

　第1章では、佐々木さんの一人暮らしの様子を見ていただきました。なんだか楽しそうでしたよね。私自身も毎週会うたびに、自分だけの部屋でのびのび過ごす姿を見て、「本当に一人暮らしができてよかったなぁ！」とうれしく思っています。

　お読みくださっているみなさんにも、「うちの子もあんなふうにできたらいいなぁ」と思っていただけたら、私がこの本を書かせていただいた目標の半分は達成したようなものです。

　目標の残り半分は、さらに「よし！　うちも何かやり始めてみよう」と、そこまで思っていただけることです。

　JCILは障害のある方の地域移行のための運動・支援を長年続けてきて、私自身も何人もの方とのかかわりがあります。この本は、そのなかでも私自身が中心的にかかわらせていただいた方との経験をもとに書き進めました。「誰かの一人暮らしまでの物語」をみなさんのお子さんに引き付けて考えていただけたらうれしいです。

　この第2章では、佐々木さんだけでなく他の方についても紹介させていただきます。障害のある方の一人暮らしを支える「具体的な福祉制度」や「支援の内容、思い」、実際に地域で一人暮らしをしている人のことを知っていただくなかでヒントにしていただけることはきっとあると思います。

　この第2章は、次のような構成になっています。

1　佐々木さんはどんな制度を使っているの？

2　いろいろな方の暮らしと制度の紹介①──知的障害のあるAさんの場合

4　お金の話——生活保護と扶養義務について

5　日々のお金の管理の仕方

6　成年後見人の話

1　佐々木さんはどんな制度を使っているの?

　ここでは、佐々木さんが「どんな制度を使っているのか?」ということを書き記します。まず、先ほどの佐々木さんの一週間の予定（87ページ）をもう一度ご覧ください。

　佐々木さん目線で作ったので、「ゆっくりする」「歩いて帰ってくる」などといった表現になっていますね。この一週間の予定を「福祉制度の利用」という視点からとらえると次の表のようになります。

　朝の表記がすっぽり抜けました。朝の身の回りのことは佐々木さんがすべて自分でされているからです。

　水・木曜の日中と金曜の午後には「仕事」と書いてあります。水・木

サービス等利用計画（一週間の予定表）

	月	火	水	木	金	土	日	週間予定表に記載できないサービス
7:00								①移動支援
8:00								衣類、家具、電化製品などの非日常的な買い物や銀行に行くなど
9:00								
10:00			10:00〜17:00 仕事（蜻楽家）	10:00〜17:00 仕事（蜻楽家）				不定期、適宜
11:00		11:00〜13:00 家事援助			10:30〜12:00 家事援助	11:00〜13:00 家事援助		②移動支援
12:00	11:30〜15:30 移動支援						実家	太子道診療所や吉田眼科に通院する。
13:00					12:30〜16:00 仕事（HELP）			
14:00								病状にあわせて適宜。安定していれば隔月、変化があれば毎月、など
15:00								
16:00								
17:00								③移動支援
18:00	18:00〜21:00 移動支援 家事援助 身体介護	18:00〜21:00 移動支援 家事援助 身体介護	18:00〜21:00 移動支援 家事援助 身体介護	18:00〜21:00 移動支援 家事援助 身体介護	18:00〜21:00 移動支援 家事援助 身体介護	18:00〜21:00 移動支援 家事援助 身体介護		各種イベントに参加
19:00								
20:00								不定期
21:00								

曜の嬉楽家さんはお年寄りが通われるデイサービスで、佐々木さんはそこで施設業務補助（配膳・下膳や掃除など）の仕事をしています。

　金曜の HELP さんは自然食品のスーパーで、佐々木さんはバックヤードで袋詰めなどの仕事をしています。それぞれ一般就労の契約と、ボランティアに近い形で働いていて、いずれも福祉制度の利用という形ではありません。

　その他に書かれている「移動支援」「家事援助」「身体介護」はすべて福祉制度で、介助者にいろいろ手伝ってもらいながら、自立生活を送っています。

　右端の欄は「週間予定表には記載できないサービス」ということで、定期的な利用ではない銀行の用事や買い物、病院の受診、いろんなお出かけの時に移動支援を利用する、ということが書いてあります。

　次の図１も細かくて見にくいのですが、これは「障害者福祉制度の概要」というタイトルで厚生労働省のホームページに掲載されていたものです（2018 年 10 月現在）。

　このなかで両側に大きな文字の吹き出しを付記したものについて以下に説明します。

図1

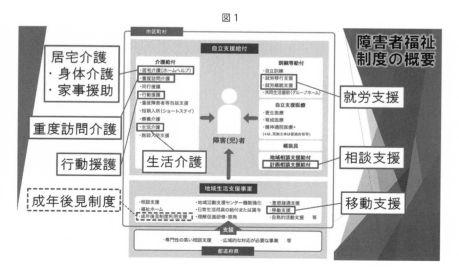

先ほどの身体介護や家事援助は制度的には「居宅介護」という枠組みです。下のほうには「移動支援」もありますね。その他に、佐々木さんは使っておられないのですが「行動援護」「重度訪問介護」「成年後見制度」「相談支援」というものもあります。後ほど改めて説明させていただきます。

　仕事・日中活動にかかわることで、多くの方のところでよく耳にするのは「就労支援」「生活介護」などです。

　私が勤めている JCIL の自立支援事業所は、地域で暮らしている方のお家に介助者がうかがうという形の介護派遣業です。「重度訪問介護」の利用者が多く、「居宅介護」「移動支援」「行動援護」などの利用者もおられます。

　急にややこしい話になったのですが、「制度はたくさんあるみたいだけど、うちの子にも使えるものはあるのかな？」と思っていただければ、まずここでは、それで十分です。

　さて、第 1 章ではまず佐々木さんの「一人暮らしの様子」を紹介してから、「一週間の予定」を見ていただきました。私は改めて「佐々木さんは仕事、自分のゆっくりする時間、介助者の来る時間、のバランスがとれているなぁ」と思います。

　佐々木さんの介助者の動きを制度の枠組みで説明すると、一緒に買い物に行くのが「移動支援」、料理や洗い物をしたり、お金の記録をつけたりしていたのが「家事援助」、写真を載せなかったのですが、入浴とそのあとに薬を塗ったりするのが「身体介護」に当てはまります。

　佐々木さんは先ほどのバランスでうまくやってこられたのですが、当然、一人ひとり、それぞれにとって必要な介助・介護・支援の内容は異なります。

いろいろな方の暮らしと制度の紹介 1
——知的障害のあるAさんの場合

　ここでは、私が初めて「親元から離れて自立生活を始めるまで」を手伝わせていただいたAさんの紹介をします。

　Aさんは40代の方で、障害名でいうと「知的障害」で、療育手帳を持っておられます（写真12）。

　妹さんが大学を卒業されてすぐ家を出られて、「自分も同じように一人暮らしがしたいな」とずっと思っておられたそうです。

　Aさんの一人暮らしの様子の紹介の前に、まずはそこにいたるまでの話を書かせていただきます。

親元から一人暮らしまで

　私はJCILの当事者活動の縁でAさんと出会いました。世界・日本の各地に「ピープルファースト」という知的障害の当事者活動があります。JCILがピープルファーストのメンバーと活動を共にするなかでAさんと知り合い、仲良くなっていろいろな話をするうちに「一人暮らししたい」という思いを言葉にされたところから、支援が始まりました。

　JCILは障害者の地域移行の準備・練習のための「自立体験室」事業を独自に行っていて、Aさんもまずはそこを利用して練習をされました。日帰り利用から1泊、2泊、3泊……と一人で生活することに慣れていくうちに、親元を離れてもやっていける自信をつけられたので、次は家探しです。

　賃貸業者に物件探しに行くのにも同行しましたが、そこでは知的障害者への露骨な入居差別がありました。家主や管理会社とお客さんをつなぐのが賃貸物件の仲介業者の役割なのですが、紹介される物件がとにかく少ないのです。

　懇意にしていた業者さんからは、家主や管理会社は入居希望者に「知的障害がある」というだけで「他の住民とトラブルになる」「火事にな

らないか心配」などと決めつけて
断られてしまう、という話も聞か
されました。

　これは障害があることを理由に
した不利益取り扱いであり、明ら
かな差別事例です。

　話を聞いて愕然（がくぜん）とし、怒りを覚
えさえしましたが、「家主とやり

写真12

とりさせてもらえないか」「一方的な偏見だから話をさせてもらいたい」
と頼んでも、「それをしてしまうと仲介業者としても立場がない」と、
応じてはもらえませんでした。

　注　京都府では 2015 年 4 月 1 日より「京都府障害のある人もない人も共に安心し
　　ていきいきと暮らしやすい社会づくり条例」が施行され、このような不利益取り扱
　　いについての相談窓口が開設されました。府のホームページに記載されています。

　それともう一つあったのは家賃の問題です。A さんは収入が少なかっ
たので生活保護の受給を念頭におく必要がありました。京都市で生活保
護を受ける場合、想定される住宅扶助（家賃等の支給）の上限は「4 万円」
です（車いすを使用される方はより広い部屋が必要となるので 3 割の加算がつ
き 5 万 2,000 円が上限となります）。

　入居差別もあって、家賃の条件も厳しめで、どうしたものか……と悩
んでいたのですが、ふとしたことから突破口は見つかりました。

　JCIL のメンバーとの話し合いのなかで、「介助者を使って生活をされ
ているところを見学させてもらおう！」という話が出て、お部屋に遊び
に行かせていただいたことがありました。

　実際にお部屋を見せていただいて、後日さっそく「僕もここに引っ越
したいわ」と希望されたのが「UR 住宅」だったのです。

　UR は以前は公団住宅と呼ばれていたもので、CM でたくさん流れて
いるように「礼金・更新料・仲介手数料・保証人ナシ」というのはとて
もありがたいのですが、それよりも、何よりも大きかったのが「障害を

理由に入居を断ることがない」ところでした。もちろん家賃を支払う能力があるか？ということについては審査があったのですが、民間の物件があまりにも少ないことに打ちひしがれていた私としては、Aさんが「ここに住みたい」と言われたのがたまたまURだったことは、ある意味では助かりました。

　収入要件は事前に確認しておいたので審査も通過することができて契約は無事に成立し、入居日が決まったおかげで次のステップに移ることができました。

　引っ越して新生活を始めた時点で親元から新居に住民票を異動させるのですが、Aさんの単独世帯となった時点で世帯収入はぐっと減るので、翌日すぐに生活保護の申請に行けるように段取りを組みました。

　「生活保護」については後ほどもう少し詳しく書きましたのでここでは省きますが、暮らし始めは何かと物入りなので、事前にリストを作って、買ったり譲ってもらったりしながら揃えていきました。

　生活保護の申請をしてから支給決定されるまで、まずはその2週間を元気に乗り切ってもらえるようにお米や調味料、食器、調理器具、大小の家電・家具などを揃えていくことで、手持ち金を調整してもらったのです。

　私は生活保護の申請に同行するのは初めてで、「生活保護の水際作戦（＝何かと不当な理由をつけて困窮者を追い返す）」というのをニュースなどで見聞きしていたので内心とても緊張しました。でもAさんは担当者から聞かれたことに率直に、いつもどおりマイペースに答えておられて、そのおかげで私も落ち着くことができたのを覚えています。

　事前にいろいろ調べておいて、必要な書類などの準備も万全だったので、淡々と手続きは終わりました。

　住まいも決まり、お金のこともひとまず見通しがついて、何よりAさんの「ここやったら友だちもいるから寂しくないなぁ！」という言葉を聞けて、私は「やっと一山越えられたかな……」とホッとしたのでした。

書き出すとどうしても長くなってしまいましたが、ここまでがＡさんの「親元から一人暮らしまで」の話です。一人暮らしの練習のこと、家探しのこと、生活費のことは、多くの方が挑戦されることになるステップではないかなと思います。

自由な時間をつくる

　さて、ここからはＡさんの一人暮らしの様子と利用されている介助について紹介させていただきます。

　平日は毎日、作業所で仕事をされていて、夕方に帰宅して少し休憩していると介助者がやってきます。夕食を作ってもらい、余った時間に少し掃除をしてもらうという形で介助を使っておられます。

　家事援助については利用時間が少なかったので、すんなり支給決定をしてもらえました。

　佐々木さんのように「一週間の予定」（週間計画表）を作ると次のようになります。

　月〜金の日中はお仕事に行っておられて、夕方から１時間半、家事援助の介助者が来ています。朝ご飯は簡単に済まされていて、前もって自

サービス等利用計画（一週間の予定表）

	月	火	水	木	金	土	日	週間予定表に記載できない・サービス
7:00								①移動支援
8:00								衣類、家具、電化製品などの非日常的な買い物や役所に行くなど
9:00								
10:00	9:30〜16:00 仕事（就労継続支援B型）	9:30〜16:00 仕事（就労継続支援B型）	9:30〜16:00 仕事（就労継続支援B型）	10:00〜15:00 仕事（就労継続支援B型）	9:30〜16:00 仕事（就労継続支援B型）			不定期、適宜
11:00								
12:00						12:00〜13:30 家事援助		②移動支援
13:00								体調不良時の受診。
14:00								
15:00								不定期、適宜
16:00								
17:00								③移動支援
18:00	18:00〜19:30 家事援助	18:00〜19:30 家事援助	18:00〜19:30 家事援助	18:00〜19:30 家事援助	18:00〜19:30 家事援助		18:00〜19:30 家事援助	市外の普段行き慣れないところの各種イベントに参加
19:00								
20:00								不定期、適宜
21:00								

分でパンなどを買っておいて、うまく過ごされています。

　電化製品など高額な買い物をしたい時には移動支援を使っておられて、店に行かれるのに介助者が同行しています。

　移動支援については、他には役所や携帯電話ショップのようにわりと難しい「契約手続き」がある時や、慣れない遠いところに行かれる時、ピープルファーストの活動で仲間と会議をする時などに依頼をされます。

　さて突然ですが、ここでクイズです。

　Aさんの一週間の予定表を見ていただきましたが、そのなかで1カ所、うまく工夫をされているところがありました。それはどこでしょうか？

　答えは……土曜日ですね。土曜日だけは晩ではなくお昼に家事援助を使っておられます。

　ではいつも晩に家事援助を使っているのに土曜日だけお昼にされる理由はなんでしょうか？　こうすることでいいことが起きるのですが想像はつきますか？

　答えは……「自由な時間をつくるため」です。これはとても大事なことだと思っています。

　土曜の昼1時半に介助者が帰って、それから次の日曜の夕方まで、気がねなく、何かわからないですけど、自分で好きな予定を入れておられるみたいです。

　このことをAさんから最初に聞いた時に「いいアイディアを思いつかれたなぁ！」と、とてもうれしくなったことを覚えています。夕方に介助を入れてしまうとその時間までには家に帰ってこないといけなくなって、それが時にはとても邪魔くさいのです。

　同僚が「この前、夜にどこそこでAさんを見かけた」などと話すのを聞くと「あー、楽しく過ごされているんだなぁ」と思ってしまいます。私自身も結構遅い時間に繁華街でお会いしたことがあって、思わず「Aさ〜ん」と声をかけたら「夜遊びしているのが見つかってしまった〜」というような苦笑いをされて、そういう「自由を謳歌されているところ」が素敵だなと思いました。

3 いろいろな方の暮らしと制度の紹介 ❷
──知的障害と身体障害のあるBさんの場合

自立体験室で自由に試行錯誤

　もうお一人、Bさんのことも紹介させて
いただきます。Bさんは20代の方です（写
真13）。障害名でいうと「知的障害」と「脳
性まひ」があります。療育手帳も身体障害
者手帳も持っておられます。「脳性まひ」と
いう障害のイメージはつくでしょうか？
生まれる時になることが多いのですが、脳
に障害があって体が動きにくく、Bさんは
手動の車いすを使っておられます。

写真13

　Bさんと私とはもう10年以上の長いつき
あいで、最初に出会ったのは小学生の頃でした。まだ小さい、本当に子
どもの頃からずっと知っているので、私のかかわる利用者さんのなかで
もとりわけ愛着があります（笑）。

　写真13はBさんの部屋です。広いですね。後で説明しますが、Bさ
んは車いすを使っておられるので部屋が広くないと身動きが取りにく
く、それでこういう広い部屋を借りておられます。

　BさんもAさんと同じように生活保護を利用されているのですが、
車いす使用者は部屋の広さが必要になるので、住宅扶助の金額が少し増
えます。それで広めの部屋を選ぶことができたのです。

　脳性まひのため足に障害があって転倒してしまいやすいので、床を膝
で這って移動することもできるようにフロアマットが敷いてあって、自
分で物をとりやすいようにカラーボックスも低いところにありますし、
テレビ台も低いものにされました。障害にあわせたいろいろな工夫があ
るんですね。

　なぜこんなにご機嫌なのかというと、この写真の手前には私がいる

のですが、この日はいつもの介助者もいるんです。Cさんというのですが、ある日、「Cさんと晩ご飯つくるから、食べにきてーな」と、私をゲストとして招いてくれたんですね。もちろん「ありがとう！　行く行く!!」の二つ返事でした。

　主菜は鮎の塩焼きで、Cさんもマメな方で、スマホで下ごしらえの仕方を調べてくれて、たとえば「鮎はお腹をおしてウンコを出しておく」など、調べ出したらいろいろ出てきたそうです。解説を見ながら一生懸命下ごしらえをして、Bさんも一緒に用意をしてくれて、焼いて出してくれたのでした。

　献立は、「鮎の塩焼きに大根おろしを添えたもの、お味噌汁、ごはん」、最高に美味しかったです。それで私が喜んでいるのを見て、この写真の「大成功!!」という笑顔なんですね（笑）。ゲストに喜んでもらえたことがすごくうれしかったので満面の笑顔をしていました。

　最初に少し書きましたが、Bさんは小学校6年生の時からJCILの介助を使いはじめられて、私とは長いつきあいがありました。

　総合支援学校の送迎バスから降りるところに介助者が迎えに行って、1〜2時間ほど近所を散歩したり児童館に寄ったりしてから帰宅するという過ごし方でした。

　ちょうどJCILが「ILクラブ」という放課後の居場所事業を始めたところで、そこにも最初から来てくれていて、いろんな障害を持った友だちやJCILのメンバーとにぎやかに過ごしていました。

　20歳になるまではお父さんと暮らしておられたBさんでしたが、ある日、人生の大きな転機が訪れました。お父さんが急激な胸痛で救急搬送されてそのまま緊急入院となってしまい、家でBさんのことを見てくれる人が急にいなくなりました。大事件です。

　Bさんは福祉制度を使っておられたのですぐに緊急ケース会議が開かれ、介助派遣の事業所や作業所の職員、福祉事務所・支援センターの職員たちが集まりました。その会議には、親族の方も出席されました。

　ご高齢のお祖母さんが近くにお住まいで、たまにしか会わない従姉さ

んもおられたのですが、お二人は「Bを施設に入れるしかない」と言われました。

「自分らはBのこと見られへんし、お父さんもいつ退院になるかわからへんし、施設に入れるしかないと思ってます」と……。

でも、私たちJCILは「施設入所はアカン」と、「住み慣れたこの町で暮らしつづけられるように頑張って支援するから任せてほしい」と申し出ました。話し合いを重ね、やがて従姉さんにも後押しをしていただけることになりました。

Bさん本人はというと、やはりお父さんがいきなりおられなくなったためかなり強い不安のなかにいました。それでもお父さんの顔を見にたびたびお見舞いに行ったり、親元ではできなかった「介助者とご飯を作る」「一緒にお風呂に入る」「好きなビデオを借りに行く」など、楽しいこともしたりしながら、介助を使って生活する経験を積み重ねていくことができました。

実はこの練習の「場所」がこの時も重要な役割を果たしました。Aさんの時と同様に、JCILの「自立体験室」を使えたことがとっても大きかったのです。JCILはもう30年以上活動しているのですが、そのなかで、障害のある人が自立生活の練習をするための場所が絶対に必要だという考えにたどり着いていました。

たとえば施設に入所されている方が仮に住まいをみつけられたとして、いきなりポンと出てきて安心して生活できるかというとなかなか難しいです。「まずは練習のできる場所がいるよね」ということで、ある時から地下鉄十条駅のすぐ近くのアパートの一室を借りていたのです。Bさんもそこを使わせてもらえたのでした。

Bさんの実家ではなく自立体験室を使うことができて、そこはJCILの場所なので積極的にいろいろな試行錯誤ができました。やはりご実家では私たち介助者はとても気を遣います。お父さんのお家ですし、たとえば引き出しを開けること一つにも気を遣ってしまいます。そのように実家ではなかなかできないことを、自立体験室で自由に試行錯誤できた

写真14

ことは、Bさん本人にとっても、介助者・支援の側にとっても大きな助けになりました。

　ということで、自立体験室で生活の練習をすることになり、当然、必要な介助の時間数も大幅に増えるので、福祉事務所の担当ケースワーカーとの交渉も積極的に行いました。JCIL だけでなく、作業所の職員さんや支援センターの方も後押しをしてくださって、ケースワーカーにも柔軟な対応をしてもらうことができました。

　また、自立体験室はずっと住みつづけられる場所ではないので、引っ越し先を一緒に探し、Aさんの時の一人暮らしまでの流れをなぞるようにして、約半年くらいで自立生活を実現することができました。

　この写真（**写真14**）を見てお気づきと思いますが、Bさんは先ほどのAさんと仲がいいんですね。これはBさんが、「Aさん、昼ご飯 食べに来てぇな」と誘って、一緒にホットプレートで焼きそばを作った時の写真です。上機嫌の顔をしていますね。Bさんはこういうことが好きなんですね。

　先ほど「Aさんの時の一人暮らしまでの流れをなぞるようにして」と書きましたが、もともとAさんはBさんと仲良くしてくださっていたので、家探しの段階でBさんと私とで、Aさんともう一人、JCIL のスタッフのお部屋に遊びに行かせていただきました。正直いうと私が誘導した部分もありましたが、Bさんも「Aさんみたいにここに来たいなぁ」と言ってくれて、引っ越してくることができました。

Bさんの「週間計画表」

　一人暮らしにいたるまでの話が長くなってしまったのですが、制度の利用について、ということで、普段の生活についても紹介させていただきます。

佐々木さんやＡさんと同じように、Ｂさんの「週間計画表」も見ていきましょう。

　見た目が佐々木さんやＡさんとはだいぶ違いますね。朝の7時半から晩の10時までが塗りつぶされています。これはつまり、福祉制度にもとづき、必ず誰かが一緒にいるということを意味します。

　平日は曜日ごとに3カ所の作業所に通っておられます。

　月・水曜は「仕事」をよくする作業所で、食べ物の下ごしらえや、洗い物、配食の手伝い、ポスティング、掃除などたくさんの仕事を頑張っています。私が介助に入っている時にもよく「この前、ポスティングを頑張ったで。○○まで行ってきたで！」などと弾むように話してくれます。

　火・金曜は生活介護事業所で、お年寄りのデイサービスのイメージに近いです。パソコンを使ったり、他の方と遊んだり、ドライブに行ったり、季節ごとの調理イベントがあったりして楽しい「遊び」の日として過ごされています。

　とくに送迎車に乗るのが楽しいようで、休日の外出中には「この前、

サービス等利用計画（一週間の予定表）

	月	火	水	木	金	土	日	週間予定表に記載できないサービス
7:30～10:00	身体介護 家事援助 移動支援	身体介護 家事援助 移動支援	身体介護 家事援助 移動支援	身体介護 家事援助 移動支援	身体介護 家事援助 移動支援	7:30～9:30 身体介護 家事援助	7:30～9:30 身体介護 家事援助	
	10:00～16:00 仕事（就労継続支援B型）	10:00～16:00 あそび（生活介護）	10:00～16:00 仕事（就労継続支援B型）	10:00～13:30 勉強（生活介護）	10:00～16:00 あそび（生活介護）	9:30～22:00 重度訪問介護	9:30～22:00 重度訪問介護	
				13:30～22:00 重度訪問介護				
16:00	16:00～17:30 移動支援	16:00～17:30 移動支援	16:00～22:00 重度訪問介護		16:00～17:30 移動支援			
17:30	17:30～22:00 重度訪問介護	17:30～22:00 重度訪問介護			17:30～22:00 重度訪問介護			

この道を○○さんと乗ったで」「こんどはこっちの道に来てほしいわ」などと、これまた楽しげに話されています。

　木曜はJCILの作業所に来られていて、絵を描いたり、楽器を演奏したり、劇をしたりと、いろいろな「体験・勉強」をして過ごされています。

　仲のいいピープルファーストのメンバーも何名もおられて、もしかしたら学校で友だちと一緒に過ごしている感覚に近いかもしれません。

　介助については、Bさんは知的障害が重く、脳性まひのため四肢・体幹にも障害があるので「重度訪問介護」を利用されています。これは重度の障害がある方の生活を支えるとても大事な制度で、たとえばモノを片付けたりトイレをされるのを手伝ったりといった具体的な介助だけでなく、見守り・待機も含む長時間滞在型の介助で、身体介護・家事援助・移動支援などを包括的に行うことができます。

　Bさんはそれを使っておられて、この太線で囲まれた時間はすべてJCILの介助者が入っていて、重度訪問介護の枠なので介助内容が限定されない、いわば「なんでもできる」自由な時間を過ごしています。

　佐々木さんとAさんとBさん、3人の方それぞれの一人暮らしを実現するまでの経緯と暮らしの様子、利用されている制度について、簡単にではありましたが、紹介をさせていただきました。

　どんな制度を使っているの？ということについての紹介は、いったんここで終わります。

4　お金の話——生活保護と扶養義務について

年金・給料・工賃でやっていける？

　続いてはお金の話です。これも重要ですね。

　暮らしについて話すとなると、お金の話は避けられません。一人暮らしを念頭に話をしますので、ひとまず本人さんが成人されているのを前提にお読みください。

　成人されていたら「障害年金」や、もう少し障害が重ければ「特別障害者手当」など、いくつか受け取れる場合があります。

金額については、障害の程度や等級などによって変わるのですが、参考までに障害等級が１級の方で年額97万円強、月額になおすと８万円強です。２級の方だと年額78万円弱、月額になおすと６万5,000円くらいです。特別障害者手当は、月額２万7,000円強です。

　それぞれの障害の程度、内容によりますが、年金や手当を受け取ることができるということと、あと、お仕事をされていたらお給料や工賃を受け取っておられると思います。

　さて、ここで気になってくるのは、「年金・手当とお給料・工賃だけで生活していけるのか？」ということです。

　実際にちょっと計算してみましょう。

　たとえば２級の方だとして、年金が１カ月あたり６万5,000円として、お給料・工賃はちょっとわからないですけど、私のまわりでは高給取りの方は少ないです。

　その年金とお給料と工賃だけで果たしてやっていけるのでしょうか？

　でも佐々木さんも、ＡさんもＢさんも「お金がなくて苦しいよう……」という様子はなかったと思います。むしろ、ゆる～く楽しげな感じで、貧乏で貧乏で苦しいという様子ではなかったですよね。

　収入は６万5,000円とお給料・工賃のみということに対して、支出はというと、こちらはたくさんあります。家賃、共益費、水光熱費、被服費、食費、生活するうえでの数々の消耗品といろいろあります。家具類も家電も定期的に買いなおさないといけませんし、通信費や遊ぶお金だって必要です。

　収入より支出が多かったら生活は成り立たず、破産です。ですが、ここに……ドンッ！　何かが降ってきました。

　これが「生活保護費」です（図２）。

図２

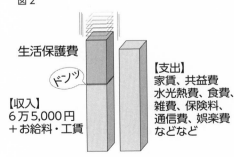

生活保護制度の最低生活費のこと

　生活保護費が収入に上乗せされればひとまず大丈夫です。日本国憲法のなかに「すべて国民は、健康で文化的な最低限度の生活を営む権利を有する」（第25条）というとても大事な条文があって、それにもとづく「生活保護」という制度があります。

　健康で文化的な最低限度の生活を送るための「最低生活費」という基準が定められていて、年齢や住んでいる場所、世帯人数などさまざまな基準にもとづいて保護課が算出します。

　ここでは1カ月の最低生活費をひとまず15万円とします。収入が6万5,000円と給料・工賃だったとして、最低生活費には足りませんよね。足りない部分＝最低生活費から収入を引いた金額が「生活保護費の支給額」となります。

　制度の話となると、どうしても難しい話になってしまいがちです。大切な話なのですが、要は「収入が少なかったら生活保護が受けられる。そうしたら、とりあえず生活費の心配はしなくてよくなる」ということだけわかっていただけたら大丈夫です。

生活保護の申請のタイミングと、それまでにしておいたほうがいいこと

　お子さんが一人暮らしを始めると単独世帯となり、世帯の収入が最低生活費よりも少なければ毎月の会計は赤字なので、たとえお子さん名義の預貯金がたくさんあったとしてもどんどん減っていくことになります。

　また、生活保護の申請の時点で最低生活費の半額を超える手持ち金があれば、超えた分は「収入認定」されて、最初に支給される保護費からその分だけ減らされます。

　したがって、生活保護の申請のタイミングの目安としては、一人暮らしを送っているうちに「手持ち金・預貯金をあわせても最低生活費の半分を下回った時」と考えておくとわかりやすいです。

　仮に最低生活費が15万円なら、半分の7万5,000円まで手持ち金が減ったら区役所の生活保護課を訪問して、生活保護受給の「申請」を行

い、2週間後に結果通知が届くのを待ちます。

　生活保護を受けられることになれば、日々の生活を送るうえでのお金の不安はかなり小さくなりますが、家具や電化製品などはやっぱり高くてなかなか思ったものが買えないので、生活保護の申請までに計画的に購入（買い替えや修理も含む）しておくほうが無難です。

生活保護制度の扶養義務のこと

　実際には生活保護の受給可否の決定の前にはまず「資産があるか？」「親族から援助を受けられないのか？」といった審査がなされます。そもそもたくさん資産があるうちは生活保護を受けられないし、親族の方、親御さんやごきょうだいに扶養・援助してもらえるなら、そちらが優先されます。

　福祉事務所に行って生活保護の受給申請をすると、「本当に生活保護が必要なのか」ということについての審査がなされます。保護課の担当の方からは親御さんへの聞き取りか、ハガキなどでの照会などがあります。

　もしご実家の家計にゆとりがあるのなら、生活費や家賃など支援してくださるのもいいと思います。また、もし本人名義の貯金がたくさんあるなら、それを使い切ってから生活保護の申請、となる場合もあります。

　この扶養義務というのは法的に定められているものではありますが、実家の暮らしを切り詰めてまで支援しないといけない、というものではありません。

　生活保護と扶養義務の関係については親御さんの関心は高いと思いますので、長くなりますが生活保護の扶養義務の解説を載せます。

　　　親が扶養をできない場合や、拒否した場合には、実際に仕送りがされていない（見込みがない）ことを前提に、生活保護費を受けることができます。実際に仕送りされる見込みがなかったり、仕送り

がされていないのに、市町村が、扶養義務を問題にして、保護の認定を行わなかったり、保護費を削っている場合には、厚生省保護課は「市町村への指導を行なう」と言っています。

　特に、民法上弱い扶養義務関係とされている、親・兄弟に関しては、実際に、仕送りがされるかどうかが問題で、市町村が親兄弟に対して扶養を強制することは難しいと言えます。

　これは生活保護のワーカーの手引書である「生活保護手帳」に明記されているものです（参照：平成7年度生活保護手帳115ページおよび95ページ第1－1－3）。

　なお「強い扶養義務」としては「生活保持義務関係」とされる夫婦間の関係、親の中学3年生以下の子に対する関係において「生活保護基準以上の収入は援助しなければならない」とされています。

　これに対して、「弱い扶養義務」とされるのは上記以外の関係で「扶養義務者の生活を損なわない範囲での扶養義務」とされているので、市町村による扶養の「強制」は難しく、成人した障害のある子に対する親の関係もこれに含まれます。

　扶養義務についてはワーカーの手引にも明記されていますので、親御さんの暮らしを切り詰めてまで援助をする義務はなく、お子さんの収入が基準よりも少ない場合は生活保護が受けられる、ということをわかっていただけたと思います。

　これで「生活費が足りないんじゃないかな……」という心配は少なくなったかと思うのですが、それでも「日々のお金の管理」については、これは別問題として避けては通れません。

5　日々のお金の管理の仕方

　佐々木さんのところでは、介助者が毎日、第1章の報告にあった「出納帳」をつけて、家計の動きを複数の人の目で見守るという形をとっています。

日々の介助者にとっては、自分の書いたお金の記録を他の介助者にも見られるので、ほどほどの緊張感が生じているのではないかなと思います。

　またこれにより、金銭の誤差が生じても、それがいつ発生したのか調べやすい形になっています。

　先ほどのAさんの時も、お金の管理については最初の3カ月くらいは私がお手伝いさせていただきました。

　二人で相談をして、「生活費の封筒」と「遊び・楽しみの封筒」を作って、それぞれ一週間ごとの予算を決めてお金を入れておくという形にしました。週末に封筒の残金を見て余裕があったら、それは自由に遊びに使ったり、たとえば少し貯めておいて焼き肉を食べに行ったりしても大丈夫！という感じでした。

　けれどもだんだん慣れていって、ある時にAさんのほうから「来月から自分でやるわ」と言われて「あぁ、すごいな！」と思いました。生活を送るなかで「お金のことも自分でできる」という自信と力をつけられたわけです。

　それからもう7年以上たっているのですが、私がAさんの金銭管理のことで介入することは一度もありませんでした。

　Aさんは時々「貯金が増えすぎたら生活保護が止まるんかな？」とおっしゃるので、お金がなくて困るということにはなっていないんだろうなと安心しています（笑）。

　本人が希望されないので通帳を見せていただくこともなく、貯金額もまったく知りません。

　生活保護を受給していると1年に1回、資産申告をしないといけなくて、通帳のコピーの提出も義務づけられています（私はこれはプライバシーの侵害だと思っていますが……）。

　また、保護課の担当者は数カ月ごとに家庭訪問をされるので、その時に収入申告があり、もしかしたら何かやりとりをされていたりするのかもしれませんが、私は同席を求められたのは最初の頃だけだったので、

もう何も知らないという状態です。

でも困ってはおられないようなので、「これはこれでいいや」と思っています。Aさんは倹約家だったので、その点では私としても心配が少なく、楽をさせてもらえました。

Bさんのところの金銭管理の支援は、佐々木さんのところと似たやり方です。介助者がすべてのレシートをファイルに貼って残し、毎晩、出納帳もつけています。Bさん自身も時々、出納帳を見ているみたいです。私が出納帳やノートを書いている時も「なに書いてるん？」とよく聞いてこられるので読み上げるようにしています。

6　成年後見人の話

本人と成年後見人の関係

ここでは成年後見人の話をします。

知的障害のある方の金銭管理の支援となると、よく「成年後見人制度」の話が出されます。

親御さんとしても、他人から「あなたが亡くなったあと、子どものことはどうするの？」という言葉を投げつけられたら、返事に困りますよね。多くの方は「そんなこと言われても、どうしたらいいかわからんわ」となってしまいます。

そんな時によく合わせて語られる「成年後見人制度」は「後見人さんが本人を守ってくれる」という、いかにもよさそうなイメージで聞こえます。

ですが、私には後見人制度についてまわりで見聞きするなかで危惧していることがあります。

それは「本人の意向が黙殺されてしまうおそれがある」ということです。

なかでもとくにおそれているのは、何かアクシデントが発生した時に地域生活から施設入所の方向に舵を切られてしまうのではないか、ということです。

ひとつ想像してみてください。

　知的障害のある方が一人暮らしをされています。その方には後見人がついています。地域で生き、暮らすなかで出会う人々、たとえば隣室の方、近所の通行人、あるいは店員さんとの間で、ある日、アクシデントが発生し、結果的に「被害」と呼ばれるような状態にいたりました。

　さて、周囲の関係者は「本人」と「後見人」のいずれの意向を気にするでしょうか？

　何かしらの「アクシデント」が起きている時に困っているのは「本人」です。これはどう考えたって、そうです。

　突然直面した非日常的な緊張状態。非難のまなざし・言動が少なからず本人に向けられます。事態を理解することが難しいなら、なおさら不安と混乱と孤独感に飲み込まれてしまいます。

　もちろん「被害」を受けた方もおられるわけで、そちらも困っています。知的障害のある人を相手にどうしたらいいか、パッとわかるでしょうか？　きっと容易なことではないでしょう。ですが、事態の理解という点においては本人と比べればできますし、「被害者」という立場ならまわりから心配こそされ、非難されることは少ないのではないかと思います。

　繰り返しになりますが、一番困っているのは「本人」です。だから、本人がどういうことに困っているのか、本人の気持ちや思いを何とかわかろうとしないといけないはずです。本当は。

　でも、知的障害のある方の気持ちや思い、しんどさを理解できるように、普段から信頼関係を築けるようにつきあってくれる後見人が果たしてどれだけいるでしょうか？

　実際、「地域で生きる」ということに理解・熱意を持てないケースワーカーなら、わりとすぐに「これだけの障害だし、やっぱり一人暮らしは無理だったな」「施設に入るしかない」と言ってきます。

　そう言われたとして、この苦しい状況を解決するアイディアを考え出して、ネガティブな勢いを押し戻すのは簡単なことではないのです。

さて、そのような状況で後見人が決断を迫られたらどう答えるでしょうか？

　「施設入所しかないですね」とまわりが言いだした時に、どこまで踏ん張ってくれるのか……？

　成年後見人の仕事は大きくわけて「財産管理」と「身上監護」の2つがあります。この「身上監護」には、障害者施設への入所の手続きの権限も含まれています。

　そもそも後見人が認められている時点で、裁判所によって、すでに本人の意思決定の力はかなり大きく否定されています。後見人がつくというのは、すべての事柄に関してではないにせよ、「本人には判断がつかない。無理」と判定されたということです。

　実際には「後見」の手前に「補佐」「補助」という段階はあるのですが、そもそも「意思決定の力は低いし、責任を負う力も低い」と裁判所が決めたから後見人がつくわけなので、もうすでに否定されてしまっているのです。

障害者権利条約から見たら

　視野を広げれば、日本は2014年に「障害者権利条約」を批准しています。その第12条では、①障害者を法的能力によって差別することを禁止するとともに、②これまでの「代行的意思決定」を廃止し、本人に不足する判断能力を意思決定支援により補い、本人が法的能力を行使できるようにする「支援付き意思決定」に転換するように締約国に求めています。

　この「支援付き意思決定」を実現できるのは、日頃から本人とコミュニケーションを密にとり、本人の意思や好み・価値観の理解に近づくことのできうる私たち介助者だと思っています。

　簡単に「後見人をつけたら？」と話が持ち出される現状が決して当たり前なのではなく、むしろ世界的な潮流・指向からは外れた状態であること。

たとえば佐々木さんやＡさんやＢさんのように、介助者のかかわりを得ながらそれぞれ意思決定を積み重ねて生活を送ることができる、ということ。

　後見人の話を耳にした時は、ぜひこれらのことも思い出して、一度立ち止まって考えていただけたらと思います。

　と、ここまで後見人制度を悪く書いてきましたが、いろいろなことが起きても粘り強くつきあってくださるいい後見人さんもおられます。

　私が実際にかかわっている方のなかでも、知的障害に理解のあるとてもいい方もおられますし、数々のトラブルがあっても決して見放さず、辛抱強くかかわりつづけてくださっています。私たちのような支援者とも積極的につながってくださるので、チームのなかでもとても心強い存在です。

　ただ、後見人制度がいかにも「いい制度」で、「後見人さんがつけば、もう子どものことは心配ないよ」ということは、そんなことは、絶対にないということです。

　むしろ成年後見人制度を使わなくても、日々の暮らしを共に過ごす介助者・支援者が、時にはトラブルが起きてそこに身を投じてもがきながらも、それでも本人が地域で生きることを考えつづけることができたら、やっていけるのです。

　「金銭管理（＝財産管理）」については、佐々木さんもＡさんもＢさんもそれぞれのやり方で金銭管理の工夫をして、後見人制度を使わずに上手に暮らせています。一人ひとりにあわせて試行錯誤しながら、やっていくのがいいのです。

　それと「身上監護」の部分では、本人と後見人の意向が反している場合、後見人の意向が汲まれがちです。そういう意味では、実はあやうい面もある制度である、という話でした。

第3章 何から始めればいいのか?

　ここでは、介助を使ったことがない方が何をどのように始めていけば いいかをステップに分けて書かせていただきます。

① 　まず家の中と外どちらで介助を使ってみたいか考えてみる

② 　福祉事務所に相談に行く——区分認定調査を受ける

③ 　福祉事務所に行って特定相談支援事業所を紹介してもらう

④ 　相談支援専門員さんに話を聞いてもらう——サービス等利用計画を 作ってもらう

⑤ 　介助派遣をしてくれる事業所を探す

⑥ 　介助者といろいろな経験を積み重ねていく——「将来の自立生活」 を目標に!

　の6つのステップを順にご説明させていただきます。

　また、すでに放課後児童デイや作業所、移動支援などの福祉サービス を利用されている方にも、現状にプラスアルファになるステップがあり ます。

　①〜⑥のすべてをお読みいただかなくてもいいのですが、②の「区分 認定調査」については3年ごとに定期更新がありますのでご一読いただ きたいのと、⑥の「介助者といろいろな経験を積み重ねていく」はぜひ ともお読みください。

ステップ① まず家の中と外どちらで介助を使ってみたいか考えてみる

　お子さんがもし介助を使ったことがなければ「まずは介助を使ってみ ましょう」。これは、親御さんがされている介護の一部分を福祉制度・ サービスの利用に向けてみるということです。

　お子さんにとっては「家族ではない誰かの手を借りて生きる」という

ことに一歩踏み出すことを意味します。

　介助を使うということは、障害者総合支援法のサービスのうちの「居宅介護」「移動支援」や「行動援護」「重度訪問介護」などの制度を利用する、ということになります。

　4つあげたうちの後ろの2つは利用のための要件・ハードルが少し高いので、まずここでは「居宅介護」や「移動支援」を使うまでの流れを説明します。

　おおまかにいえば居宅介護は「家の中」、移動支援は「家の外」で使える制度です。

　いろんなご家庭の状況があると思いますが、私は、まずは移動支援から始めるほうがいい、と考えています。

　家の中に介助者を入れてご家族もおられるなかで互いに気を遣いながら過ごすより、やはり外に出かけてしまったほうが、より自由に楽しく過ごせるからです。この「自由」や「楽しい」ということは根本的なことで、とっても大切です。

　もちろん、家の中で使う「居宅介護」も悪いことではありません。たとえば「お風呂の介助がたいへんだからヘルパーさんに来てもらいたい」ということだったら、居宅介護の「身体介護」があるので、それを使わせてほしいという話になったりします。

　というわけで、ステップ①です。

　まず、家の中と外、どちらで介助を使ってみたいか、考えてみてください。

ステップ② 福祉事務所に相談に行く──区分認定調査を受ける

　次に、お住まいの行政区の福祉事務所に「介助者を使いたいんですけど、どうしたらいいですか?」と相談しに行きます。

　ここまでに何度も「詳しいことは省きます」「覚えなくて大丈夫です」と書いてきましたが、それは、私は「わからないことはわかる人に聞けばいい」と考えているからです。

インターネットを使うことができれば情報は山のように手に入りますが、実際にお子さんに必要な情報、利用できる情報を精査するのはとてもたいへんです。

　そこに力を注ぐよりも、外に踏み出し、福祉事務所に足を運んで、まずは率直に困っていることや希望を伝えて相談に乗ってもらうのが早いし、楽です。

　先ほどの後見人制度のくだりではケースワーカーに関して批判的なことを書きました。それはそれで実際に私が体験したことなのですが、仕事柄、多くのケースワーカーさんとやりとりをしてきたなかでも、困りごとに対して親身になってくださる方は大勢おられました。

　居住地で担当者が決まるので相談相手を選べないもどかしさはありますが、ステップ②は、まず「福祉事務所に相談に行く」ということからでいいと思います。

「区分認定調査」をうけるツボ

　相談に行った時に、もしお子さんが障害者総合支援法のサービスを使っておられなかったら、障害支援区分を決める「区分認定の調査」の話が出されると思います。

　約束した日に調査員さんが訪問されますので、質問事項に対して答えていってください。

　ちなみに、この「区分認定の調査」の時にとても重要なことがあります。それは「今の、お子さん単独の力」を想像して、答えるということです。「親御さんも慣れた職員も、誰もそばにいない状況でのお子さん一人の力」です。

　お年寄りの介護保険の方でも同じように認定調査がありますが、聞かれたことに対して、ついつい「できます」「大丈夫です」と答えてしまうことがあるそうです。知らない人（調査員さん）に生活上の細かいことを聞かれて答えないといけないプレッシャーや、親しくもない人に自分のできないことを示したくないというプライドがあるんじゃないか

な、と想像します。

　ですが実際よりも過剰に「できる」「大丈夫」と答えてしまうと、その分だけ障害の程度は軽く認定されてしまいます。当然、利用できる福祉制度も本来よりも減ってしまいます。

　そうではなく「今の、お子さん単独の力」を想像して答えることが重要です。

　多くの項目において「支援が不要」「部分的な支援が必要」「全面的な支援が必要」といった回答や、日・週・月に何度あるか、という「頻度」の設問などがあります。

　インターネットで「障害程度区分　認定調査項目」といったキーワードで検索すれば、実際に使用される用紙を見ることができますので、事前に確認してシミュレーションしておかれると、当日に答えやすくなります。

　この回答結果はコンピューターにより点数計算されて区分認定の根拠にされるのですが、より正確にお子さんの状況を伝えるために「特記事項」を書き添えてもらうことも大事です。

　たとえば「調子がよければできる時もあるんですけど、調子が悪かったらまったくできません」「そばにいる人の状態にものすごく影響をうけるんです」「相当慣れた人ならわかるけど、たいがいの人はわからないと思います」「電車もバスも、慣れたところは行けますけど、初めてのところでは迷子になります」などというように、思いつくままに話されるのがいいです。

　そもそも人間なのだからシンプルに表現できなくて当たり前で、数値化できないことのほうが多いですよね？　調査員さんもそこは心得ておられるし、調査の場数も踏まれています。特記事項を書き添えてもらうのは何も特別なことではありません。お子さんのことを知るのが相手の仕事なのだと思って、忖度して賢くきれいに答えようとするのではなく、お子さんの素の姿を生々しく答えられるのがいいです。

　（その話をお子さん同席のもとで、目の前で話すのがどうなのか？という問題

はありますし、場合によっては調査員さんに伝えて、場面設定を変えてもらうことも必要です。もし私が当事者なら、自分のできないところを並べ語られるのを耳にすればどうしても自尊心が傷つきますので……)

　この聞き取りの結果に医師の意見書を添えて審査にかけられ、じきに「障害支援区分」が決定されます。

ステップ❸　福祉事務所に行って特定相談支援事業所を紹介してもらう

　障害支援区分認定の通知が届いたら、それを持って福祉事務所に行ってください。

　特定相談支援事業所の名前がリストアップされたものをもらえます。事業所名を見てもどこがどういうところか判りようがないので、ケースワーカーさんにお薦めしてもらえたら助かるのですが……私は同席したことがないので、すみません、ここはよくわかりません。ひとまずケースワーカーさんに聞いてみてください。

ステップ❹　相談支援専門員さんに話を聞いてもらう
──サービス等利用計画を作ってもらう

　お住まいの地域にある「特定相談支援事業所」にアポを取って向かいます。事業所によっては、相談支援専門員さんが訪問してくれるかもしれません。

　相談員さんにはサービス利用意向聴取といって「生活の悩み」「希望するサービス」などを聞いてもらい、「どんな制度があるか、受けられるか」を教えてもらえたり、一緒に考えてもらったりすることができます。

　ここでも率直に話されるのがいいです。「こんなことに困っている、不安がある」「こんなふうにできたらいいな」というお話から、そのためにどんなサービスを使ったらいいかということを、現行の制度のなかからではありますが、一緒に考えてもらえます。

　相談員さんにいきなり「この子に一人暮らしさせたいんです！」と言

うのは、もしかしたらちょっとハードルが高いかもしれません。

　佐々木さんやAさんのように、自分の口で「一人暮らしがしたいんだ！」と言っておられたら、それならそれで、希望を聞き取りながらどうしていくかという話になりますが、お子さんにそこまでイメージがないのに、親御さんが一足飛びに「一人暮らしさせるぞ、オー！」って言うのはやっぱりびっくりします。

　でも、やはり親きょうだいではない第三者（介助者）の手を借りながら過ごすということに慣れていけるように、最初の話に戻りますが、たとえば週1とか月1でもいいので「楽しい外出」から始められるのがいいかもしれません。

　相談員さんは親御さんのお話を聞きながら、具体的に「〇曜日の〇時から〇時に介助者に来てもらおう」などといった「サービス等利用計画案」の下書きを作ってくださると思います。先ほど見ていただいた、佐々木さん・Aさん・Bさんのような一週間の予定表のイメージです。

　親御さんの希望や、本人さんがもし同席できるなら本人さんの希望を聞いて、書き込んでいくものもあります。

　聞き取り後、相談員さんは「サービス等利用計画案」という形式に仕上げてきてくれます。もし内容に納得がいけば、それらを福祉事務所に提出します。そこからその計画にもとづいて、介助などを使える時間数の支給決定がなされて、「移動支援〇時間」とか「身体介護〇時間」というように書かれた「障害福祉サービス受給者証」というものが届きます。

ステップ⑤ 介助派遣をしてくれる事業所を探す

　これも親御さんが自分でするのはかなりたいへんなので、相談支援員さんを頼ってみてください。手伝ってもらえるはずです。それでうまく事業所が見つかれば契約を交わして、いよいよ介助の利用の始まりです。

　来てくれた介助者とお子さんは「はじめまして」ですし、緊張もしま

す。

　そういう時に、それまでお子さんをずっと育ててこられた親御さんが「この子、○○が好きやねん」「こういうことは苦手なんです」「こういうクセがあるけど、こういう気持ちでやってるみたいなんよ」というように教えてくださると、過ごしの大きなヒントになるので、とっても助かります。親御さんはお子さんを長い間そばで見て育ててこられたわけで、教えていただきたいことはたくさんあります。

　最初は短めの時間にしたり、いきなり介助者と本人と二人だけでドンッと出るのではなく親御さんにも少し同行してもらったりなど、いろんな工夫があればいいかなと思います。

　事業所にはサービス管理責任者という立場の方や、派遣調整の担当、私もそうなのですが、そういう職員さんもおられるので、そちらでも相談に乗ってもらえます。

　実際に介助の利用が始まってからは、現場で起きること、たとえば「雨の時に帰る時間が遅れて……」というような時の具体的な対応や、これから現場でやっていってもらいたいことなどは、相談支援員さんよりは介護派遣事業所の担当の方や来てくれる介助者さんに相談することが多くなります。

　現実問題としては、どこの事業所も介助体制にそんなに余裕があるわけではないですが、たとえば京都市においては、2021年1月時点で居宅介護事業所は400以上もあります。余裕がないなかであっても、可能なところから、「月曜はダメなんですよ、でも火曜だったら……」とか「月2回だったらいけるかな？」とか、そういった隙間は必ずあるので、いけるところからでも少しずつ介助の利用を増やしていくことが現実的です。

ステップ⑥ 介助者といろいろな経験を積み重ねていく
──「将来の自立生活」を目標に！

これはすでに移動支援やその他の福祉サービスを利用されている方に

も言えることで、かなり重要なことです。

　この「『将来の自立生活』を目標に！」というのが肝要で、たとえば相談支援員さんに「計画」を作成してもらう時に、もちろん「楽しく過ごせればいい」「慣れ親しんだ人たちと仲良く日中活動をする」ということも大切なのですが、それだけにとどめず、きちんとこのキーワードを明記してもらいましょう。

　この言葉が目標としてしっかり書かれていると、かかわる事業所の職員さんたちもピリッと意識せざるをえないのです。ただ現状が安定していればいいということではなく、目標にむけての試行錯誤を求めることになります。

　たとえば移動支援の介助であれば、「今度はいつものお出かけ先ではない、もっと遠くまで行ってみよう」とか、時間を「いつもは4時間だけど8時間にしてみよう」とか、いつもは朝から出て夕方に帰ってきて晩ご飯はお家で食べているけれども「今度は晩ご飯を一緒に食べてみよう」とか、いくらでもアレンジできます。

　新型コロナウイルス感染症が大流行してしまったので難しいこともあるかもしれませんが、必ずいずれは収まる時がくるはずです。そうすればまた外出も外食も安心して楽しめるようになるし、たとえば一緒に銭湯に行ってみるとか、日帰りの遠出に挑戦してみるなど、ワクワクしませんか？

　いろいろなことを介助者と一緒にするというのは本人にとっても経験値になるし、同様に介助者にとってもすごくいい経験値になっていきます。

　世界を広げていくことはやがて「将来の自立生活」にもつながっていきますし、ずーっと同じことではなく、いろんなことを試していくのは大事です。

第4章 迷ったときは……

「迷ったときは……」というと、いかにもアドバイス・答えを語りはじめそうな感じがするのですが、この本をお読みくださっている方、親御さんたち、お子さんたちがどのようなことで迷ったり困ったりされるかわからないので、難しいなぁ……と悩みました。

そこで、頭を切り替えました。

みなさんが「どういうことを思っておられて、どういうことを知りたいか？」ということを聞かせていただきたい気持ちもありますし、そこから個別に具体的にお話をできるのが一番なのですが、ここでは「私自身が迷った時にどう考えてふんばってきたか」という話を書かせていただきます。

たとえ障害が重くても、そんなこと関係ない！
誰もが等しく楽しい人生を送る権利がある！

きれいごとに聞こえると思いますが、やはりここが出発点です。目の前にいる人が、その人生の主体である、ということ。

先ほど出てきました「障害支援区分」というのは、1やら6やらあるのですが、それは福祉制度を利用するにあたって基準がいるから、福祉行政の都合で障害の重さ・支援の必要性を数値化した、ただそれだけのものです。

区分6で重度だからたいへん、区分1で軽度だから楽ちんということは、一切ないのです。

もっとつきつめれば、「知的障害だから○○」「ダウン症だから○○」という考え方も、邪魔になります。相手の人と直につきあっていくなかでしかわからない。「この人はダウン症だからなぁ……」などと考えて

いると、大事なことが見えなくなります。

　もちろん長くつきあってこられた親御さんからお話を聞いて、教わること、学ぶことはたくさんあります。それでも一番は、本人さんとつきあうこと、そこからしか始まりません。

　本人と向き合った時に「重いか軽いか？」なんて言葉は意味がないです。

　これはつきあいが深まれば深まるほどに、折にふれて、感じていることです。

「無理無理……」と諦めてしまわない。
「どうやったらできるか」一緒に考えよう！

　実際につきあっていたら、難しいことはいろいろ出てきます。

　本人の気持ちがなかなかわからない、というよりむしろ私がいるの自体ちょっといやそうだなということだってあります。それこそ「はじめまして」の時とか「誰やねん？　こいつ……」と思われているから、やっぱり避けられたり、パニックになったりすることもあります。

　あとは、制度にそもそも不備がある、介助者もなかなかいない、事業所が消極的だ、相談支援の方も忙しそうでなかなか話す時間を取ってもらえないなど、難しいことを数えるほうが圧倒的に早いです。

　それでも無理無理と諦めたらもうそこで試合終了……なので、本人さんのこれからにとって何がいいのか、考えつづけることをやめない。そこでふんばっています。

　一人で背負い込むとやがてつぶれてしまいます。視野もどんどん狭くなっていきます。「どうしようどうしようどうしよう……」と、しんどさばかりがふくらみます。

　だから一緒に考えてくれる人をつくっていくことが必要だと感じています。

**　なにが正解なのかなんて誰にもわからない。**
**　とにかくやりながら考える。**

先ほどの内容ともつながりますが、ある時点で「あぁ失敗だったな」と思ったことが、少し先にもう一度振り返った時に「いや、でもあれがあったからこその今だな」と思えることは、よくあります。人生長く生きるほどにたくさんある。これはいたって普通のことですよね。

　失敗だったなぁということはありますが、試行錯誤しながら進めるなら、ある時に起きた「失敗」も次の試行錯誤への糧、材料になります。そういう意識が大事です。

　「やっぱり銭湯に行かせたのはあかんかったなぁ」と思うかもしれないけど、それはそれで「今度は別のところに行ってみようかな」とか、時間帯が悪かったのか、たまたま怖そうなおじさんがいたからとか、そういうことはわからないのです。

　だからこそ、試行錯誤し、考えつづけることがとても大事です。

今、介助を使っている人は「いつもどおり」もいいけど、「新しいこと」にもチャレンジしてみよう。

　第3章でもふれましたが、今もう介助を使っている人は、すでに社会へと大きく踏み出せていることになります。その次のステップの話です。

　定期的に移動支援を使っていると、外出の行き先のネタが尽きてきます。予定・行き先・過ごしの内容が変わることに対して、しんどくなる方もおられるので一概にはいえないのですが、やっぱりさまざまなアレンジを試してみるのがいいです。

　見通しがめちゃくちゃ狂ってしまわない範囲で、やはり本人がしんどくなってしまうのはよくないので、そこは見極めながらですが、いろんなアレンジをしてみましょう。

　たとえば佐々木さんがそうでしたが、会計の時にお客さんが少なかったら、「自分でお金、払ってみる?」とか。そうすると、お店の人も佐々木さんに向かって「ありがとう」って言ってくれるし、ちょっとうれしくなったりします。時間に余裕があれば「いつもと違う路線のバス

で帰る」とか、「晩ご飯を外で食べてみようか」とか、「気が済むまでひたすら歩く」とか、「介助者からのおしゃべりを半分くらいに減らしてみる」とか、いろいろと大小のアレンジはできます。

そのなかで私たちも新しいことが発見できるし、本人さんにとっても経験が広がるのはいいことです。

自分がかかわっているこの時間を「余暇の時間つぶし」や「親御さんのレスパイト（一時的な預かり）」ではなく、その本人さんの「将来につなげていくもの」として意識するということが大事だと思っています。

もちろん親御さんの「レスパイト」も大事です。親御さんだけがお子さんのことをギューッとみないといけないのはおかしいのでレスパイトも大事ですが、やはり「本人さんにとっての時間だ」ということが大切です。

閉ざされた入所施設ではなく、地域社会のなかで生きよう！

私は学生の時に２週間だけですが入所施設に実習に行きました。それだけしか経験がなく、他の施設での処遇もよく知らないし、職員さんたちの人格否定をするつもりはありません。

私たちは「施設入所はダメだ」と言っていきますが、その時に必要な支援が受けられなかったために施設入所になってしまった方も多くおられます。

ただ、入所施設ではどうしても「集団処遇」になります。大勢の人を少数の職員がみている、ということは間違いないです。

介助・介護が必要な人を集めていっぺんにみる、という形はやはり受け入れられません。

ケースワーカー、行政の職員はわりと「施設入所」を口にします。たとえ露骨にそう言わなくても「とりあえずショートステイは出しておきましょうかね。何かの時のために……」などとすぐに言います。

ショートステイというのは短期入所のことです。施設に数日から一週間くらい入るような形ではわりとすぐに、それこそ「とりあえず」くら

いのノリで支給決定されます。その「ショートステイ」は本人のためではなく、やがて親御さんによる介護が不可能になった時に提案される「施設入所」の導入部分と思って間違いないです。たとえケースワーカーやショートステイ先の職員さんにそんな意図はないとしても、「住み慣れた地域での生活を継続すること」にはつながりません。

　それよりも日頃から「介助を使って生きる」ことの練習・経験を重ねていくことのほうが絶対に大事です。

**　相談に乗ってくれる人がいなければ、相談機関を頼ってみる。**
**　一緒に考えてくれる人を見つける。**
**　悩んで、試行錯誤して、共に育つ。**

　親御さんだけで、または家族のなかだけで悩んで、閉ざされたなかでできることを考えてもあまりいいことは思いつきません。

　それよりも相談支援員さんや事業所の担当の方、親の会のトライアングルの方々、日頃から介助に入ってくれているヘルパーさん、あと私のように相談に乗ってくれそうな人などなど、多くの人に一緒に考えてもらえるように、まずは外にむけて「助けてほしい」と発信していただきたいです。

　かかわる人たちも、本人さんやご家族の困っておられること、やりたいことを共有して一緒に悩まないと、試行錯誤しないと育たないから、私たちにも共有させてもらって一緒に考えさせていただきたいということです。

**　「親の会」のつながりも生かせるといいですね。**

　思い返せば佐々木和子さんから「トライアングルの勉強会で話をしてくれない？」とお声をかけていただいたことが、私がこの本の共編著者となった発端ですので、ここはちょっと変なタイトルになりましたが、書きました。

　「親の会」ありきで語るのはちょっと違う気もしますが、会の方々の

活動について知る機会を得て、改めて「いいなぁ」と思いました。自助グループというのでしょうか。当事者ならではの悩みごとは共通するところがきっと多いのではないかなと思います。

　困難なことに取り組む時に、一人では心細いです。仲間をつくって楽しみながらできたほうが続くだろうし、せっかくのつながりを生かさない手はありません。困っていることもうまくいったことも、つながりのなかで共有できるのは強みですよね。

自分の人生は自分のもの！　子どもの人生は子どものもの！

　これが最後です。

　たかだか 15 年程度しか障害のある方とのかかわりがないひよっこがこういうことを言うのは偉そうだと思うのですが、やっぱり一生懸命大事に大事に守って育ててこられたお子さんを社会に向けて押し出す、送り出すのは親御さんの大切な役割です。

　私にも子どもがいるのでブーメランのように返ってくる言葉なのですが、お子さんをやがて社会に送り出すのは親御さんの大事な役割だと考えていて、親御さんとずっと一緒に生きてきた、一心同体のように生きてきた子ども時代があって、やがて大人になってそこから社会に出て行けたとして、「親子」というのはそれで終わりではないですよね。

　社会に出て一人暮らしを始めてからも「自立した大人同士」として、親子関係は新しい形で続いていくものです。

　私がかかわらせていただいた佐々木元治さんと母の和子さんだって、家を出てからも、親子の関係は続いているわけです。

　健常者なら、やがては親元を離れて社会に出ていくことが多いです。

　もちろん親御さんと一緒に生活することが悪いということが言いたいわけではありません。

　ただ、知的障害のある人の一人暮らしがわずか 3% というのは、どう考えても明らかに少なすぎます。みなさんのお子さんも、まわりにいる同年代の人たちと同じくらいに普通に社会に出て自立できるような社会

になるように、私たちはまだまだ頑張らないといけないです。そのなかで、お子さんを社会に送り出す親御さんの力はやはりとても大きいです。

　「誰もが障害があってもなくても普通に生きられる社会」にしていくために、一緒に頑張っていきましょう！

　ということで、第3部はこれでおしまいです。最後までお読みいただき、ありがとうございました。

おわりに

　元治が自ら選び取った地域での「一人暮らし」。

　これは、さまざまな支援に囲まれることで初めて可能になります。

　支援には、金銭的支援（生活保護）や、買い物、調理などの目に見える生活支援の他にも、目に見えない支援があります。それは、意思決定支援です。知的障害者は自分の意思を言葉にして伝えることが苦手です。伝わらないから「ないもの」にされがちだった彼らの意思に耳を傾け、彼ら自身が望むことを彼らの手で選び取ることを手助けする支援です。

　元治の自立生活がとても順調なのは、この意思決定支援がうまくいっているからに他なりません。これは、支援をお願いしている日本自立生活センター（JCIL）自立支援事業所が、障害当事者主体の支援を実行しているからです。

　この支援方法を間違うと、たちまち、こころの自由が奪われてしまいます。こころの自由がなくなると、人間は障害のあるなしにかかわらず心身ともに不安定となり、最後には壊れていきます。

　実際、私は、活動を続けるなかでこころを壊す話をたくさん耳にし、こころを痛めてきました。

　幸いにも元治は、障害当事者主体の支援に出会い、今幸せに暮らしています。

　では、元治は（さらに障害を持つ人たちは）いつも支援を受けるだけの存在なのでしょうか。

　私は元治がダウン症だったことから、京都ダウン症児を育てる親の会を立ち上げて活動してきました。この活動を通し、さまざまな運動をしている人や専門家、医師、教師、先輩の親など、多くの人と出会い、情

報を交換し、学び、考えることをしてきました。現在は、親の会の活動は減らし、別グループでの活動もしていますが、この出会いも学びも、元治が生まれてこなければ知り得なかったことです。今の私があるのは、元治が生まれてくれたおかげです。だから、「元治のおかげ‼　元治はすごい‼」と言っては、今もハグさせてもらっています。そんな母に、元治は「しゃぁないなぁ」とつきあってくれています。

　「バリバラ」のメインコメンテーターである玉木幸則さんは「知的障害があっても、選ぶことや決めることができるようお手伝いし、何を食べるとか、どこに行くとか、何をするかってことを、自分で決めたり、選んだりすることが自立」とコメントしています。

　そういう意味で、元治は自立している、と思っています。

　元治が自立生活から得た自由と自信、達成感や満足感は、実家のみの生活では決して得ることのできないものです。このことは、元治をみているとよくわかります。

　しかし、「元治の自立生活」を目の当たりにしたことで、私は改めて「自立」という言葉について考えてしまいました。「じりつ」は「自ら立つ」と書きます。「自ら立つ」って何なのでしょう。まるで一人で頑張って仁王立ちしているようです。でも、この説明では元治ペースの生活にしっくりきません。この違和感は何なんだろう……。私は自分の考えの落としどころに悩んでいました。

　そんな時、最首悟さんからの「頼り頼られることはひとつのこと」という言葉が、私の腑に音をたてて落ちたのです。そうなんだ、頼ることと頼られることは、相反することではなく、ひとつのことなんだ、と。なんて心地よく、懐の深い言葉でしょう。

　自然体の元治との今までの生活を表すのにぴったりの言葉です。また、介助ノートに書かれているヘルパーさんとのやりとりから感じられる自立生活を表現するのにピッタリです。私が元治という存在によって新たな学びを得たように、介助するヘルパーさんたちも、元治だけでなく、介助という仕事を通して新しい考えに触れたり悩んだり、生き方を

見つめなおしたりしています。

　支援を受けている元治は、頼っているだけの存在ではないのです。

　「人」という漢字のごとく、命あるものすべてが頼り頼られ支え合って存在しているように、元治の「自立」もそうやって成り立っているのです。

　同時にこれが、本来、社会や暮らしをつくっていく形なんだ、と。

　でも、今の社会は、そんなに甘くも、優しくも、心地よくも、懐深くもありません。

　最近頻繁に起こる天災やコロナ禍のなか、政治のほころびがボロボロと露呈しています。それにともなって貧富の差は広がるばかり。そのしわ寄せがくるのは、すべて弱者です。

　第35回「国際障害者年」連続シンポジウムで基調講演をされた、参議院議員の木村英子さんが案内パンフに載せられた「しょうがいしゃが地域で生きるには、運動をしなければ命すら保障されないほど、深刻な状況に置かれているこの社会」という表現が胸にささります。また、「しょうがいしゃが生きられる社会は、誰にとっても生きやすい社会であると信じ、日々それを実現するために闘っている」とも書かれています。私も元治と生活するなかで、常にそう信じ、微力ながら活動してきました。しかし、制度は整ってきても生きにくさはあまり変わっていません。実際、障害を持つ人の地域での一人暮らしの割合の少なさをみてもわかります。

　国連・国際障害者年行動計画は、「ある社会がその構成員のいくらかの人々を締め出すような場合、それは弱く、もろい社会である」とし、障害者権利条約では障害の有無にかかわらず「共に学ぶインクルーシブ教育、共に生きるインクルーシブ社会」の構築を謳っています。さらに、障害の定義をその人固有の欠損、欠陥であるとする「医学モデル」から社会との関係から生じるとする「社会モデル」に転換し、社会そのものが変わらなければならないとしています。

　日本政府は2014年に障害者権利条約を批准しています。批准するた

めに国は障害に関するこれまでの法律を整備しました。そして、新たに2016年4月、障害者差別解消法を施行しました。しかし、施行後5年たちますが、いまだに木村英子さんが指摘する現状であるのが事実です。

　障害を持つ人たちが、地域で自立生活するための社会的環境や社会的資源がまだまだ整っていません。

　でも、この本を読んで、地域で自立生活をやってみようかな……、と思い、少しでも行動する人が増えてくれたなら、社会的資源獲得の活動になり、誰もが生きやすい社会に向けて、一歩ずつでも進むことになります。

　そうなれば、これほどうれしいことはありません。

　本を出版するにあたり、10年ほど前より、私に「本を出せば」と声をかけ応援しつづけてくださったロシナンテ社の四方哲さん、出版に応じてくださった解放出版社の髙野政司さん、元治の自立生活をコーディネートしてくださり、今回第3部の「障害がある方の地域での自立生活を支援して」を書いてくださった共編著者の廣川淳平さんと、日々元治につきあいながら介助ノートを書いてくださっているヘルパーさん、一緒に活動してきた仲間、そして何より、活動を支えてくれている家族に心より感謝いたします。

佐々木和子

佐々木和子（ささき かずこ）

1949 年兵庫県生まれ。1982 年生まれの長男がダウン症候群であったことから、1985 年に京都ダウン症児を育てる親の会（トライアングル）を発足させ 15 年間代表を務める。今までも、これからも「生まれようとしている『命』を選別しない、ともに生きる社会をめざして」活動をつづけている。
共著に『知っていますか？出生前診断一問一答』（解放出版社）がある。

廣川淳平（ひろかわ じゅんぺい）

1981 年生まれ。立命館大学産業社会学部卒業後、1 年間保育所に勤めたあと、友人に誘われ介助の仕事を始める。重度障害のある人でも介護制度を使えば地域で暮らせるということに衝撃を受け、ちょうど障害者自立支援法の前身の支援費制度が始まって利用者が急増した時期に重なり、のめりこんでいく。NPO 法人日本自立生活センター（JCIL）自立支援事業所の介助コーディネーター、ピープルファースト京都支援者として知的障害のある人の地域生活にも尽力している。

自立生活 楽し!!
知的障害があっても地域で生きる　親・介助者・支援者の立場から

2021 年 5 月 20 日　第 1 版 第 1 刷発行
2021 年 7 月 10 日　第 1 版 第 2 刷発行

編著者　　佐々木和子　廣川淳平 ©

発　行　　株式会社 解放出版社
　　　　　〒552-0001 大阪市港区波除 4-1-37　HRC ビル 3F
　　　　　TEL 06-6581-8542　FAX 06-6581-8552
　　　　　東京事務所
　　　　　〒113-0033 文京区本郷 1-28-36 鳳明ビル 102A
　　　　　TEL 03-5213-4771　FAX 03-5213-4777
　　　　　振替 00900-4-75417　ホームページ　http://kaihou-s.com
　　　　　本文レイアウト　伊原秀夫
　　　　　装幀　平澤智正

印刷・製本　モリモト印刷

ISBN 978-4-7592-6126-4 C0036 NDC 369.27 132P 21cm
定価はカバーに表示しております。落丁・乱丁はおとりかえします。

障害などの理由で印刷媒体による本書のご利用が困難な方へ

本書の内容を、点訳データ、音読データ、拡大写本データなどに複製することを認めます。ただし、営利を目的とする場合はこのかぎりではありません。

また、本書をご購入いただいた方のうち、障害などのために本書を読めない方に、テキストデータを提供いたします。

ご希望の方は、下記のテキストデータ引換券（コピー不可）を同封し、住所、氏名、メールアドレス、電話番号をご記入のうえ、下記までお申し込みください。メールの添付ファイルでテキストデータを送ります。

なお、データはテキストのみで、写真などは含まれません。

第三者への貸与、配信、ネット上での公開などは著作権法で禁止されていますのでご留意をお願いいたします。

あて先：552-0001 大阪市港区波除 4-1-37 HRCビル 3F 解放出版社
『自立生活 楽し!!』テキストデータ係

テキストデータ引換券
『自立生活 楽し!!』
6126